〈砂漠〉の中で生きるために

アーレント政治哲学の現象学的研究

押山詩緒里
Oshiyama Shiori

To Live in the Desert

Phenomenological Study of Arendt's Political Philosophy

法政大学出版局

〈砂漠〉の中で生きるために——アーレント政治哲学の現象学的研究

凡例

一、引用にあたっては、邦訳のある場合は原則として邦訳に従った。ただし、筆者の判断で、適宜訳語・訳文を変えているところがある。

二、引用文中の傍点の強調は、断りがない限り、原文のイタリックに対応する。

三、引用文中の〔 〕は筆者による補足である。

四、本文における〈 〉は筆者による強調である。

五、アーレントの著作については本文中の括弧内に以下の略号と頁数を併記した。

BPF *Between Past and Future: Eight Exercises in Political Thought*, introduction by J. Kohn, Penguin Classics, 2006.［初版 1961］（『過去と未来の間』引田隆也・齋藤純一訳、みすず書房、一九九四年）

DT *Denktagebuch: 1950–1973*, ed. Ursula Ludz und Ingeborg Nordmann, Piper, 2003.（『思索日記』1953–1973. I/II、青木隆嘉訳、法政大学出版局、二〇〇六年）

EJ *Eichmann in Jerusalem: A Report on the Banality of Evil*, Penguin Classics, 2006.［初版 1963］（『新版　エルサレムのアイヒマン――悪の陳腐さについての報告』大久保和郎訳、みすず書

房、二〇一七年）

EUT　*Elemente und Ursprünge totaler Herrschaft: Antisemitismus, Imperialismus, Totalitarismus*, Piper, 1996.［初版 1955］（『全体主義の起源』『I　反ユダヤ主義』大久保和郎訳、みすず書房、一九七二年。『II　帝国主義』大島通義・大島かおり訳、みすず書房、一九七二年。『III　全体主義』大久保和郎・大島かおり訳、みすず書房、一九七四年）

EU　*Essays in Understanding: 1930–1954*, edited and with an introduction by Jerome Kohn, Schocken Books, 2005.［初版 1994］（『アーレント政治思想集成1　組織的な罪と普遍的な責任』齋藤純一・山田正行・矢野久美子訳、みすず書房、二〇〇二年。『アーレント政治思想集成2　理解と政治』齋藤純一・山田正行・矢野久美子訳、みすず書房、二〇〇二年）

HC　*The Human Condition*, University of Chicago Press, 1958.（『人間の条件』志水速雄訳、筑摩書房、一九九四年）

JW　*The Jewish Writings*, Jerome Kohn and Ron H. Feldman (eds.), Schoken Books, 2008.［初版 2007］（『ユダヤ論集1　反ユダヤ主義』山田正行・大島かおり・佐藤紀子・矢野久美子訳、みすず書房、二〇一三年。『ユダヤ論集2　アイヒマン論争』齋藤純一・山田正行・金慧・矢野久美子・大島かおり訳、みすず書房、二〇一三年）

LA　*Der Liebesbegriff bei Augustin: Versuch einer philosophischen Interpretation*, Frauke A. Kurbacher (Hrsg.), Felix Meiner, 2018.［初版 1929］（『アウグスティヌスの愛の概念』千葉眞訳、みすず書房、二〇〇二年）

LKPP　*Lectures on Kant's Political Philosophy*, edited and with an interpretive essay by R. Beiner,

University of Chicago Press, 1982.（『カント政治哲学の講義』浜田義文監訳、法政大学出版局、一九八七年）

LM I　*The Life of the Mind I: Thinking*, Harcourt Brace & Company, 1978.（『精神の生活　上　第一部：思考』佐藤和夫訳、岩波書店、一九九四年）

MDT　*Men in Dark Times*, Harcourt Brace & Company, 1968.（『暗い時代の人々』阿部斉訳、河出書房新社、一九九五年）

OT　*The Origins of Totalitarianism*, Harcourt Brace & Company, 1973.［初版 1951］（『全体主義の起源』『I　反ユダヤ主義』大久保和郎訳、みすず書房、一九七二年。『II　帝国主義』大島通義・大島かおり訳、みすず書房、一九七二年。『III　全体主義』大久保和郎・大島かおり訳、みすず書房、一九七四年）

POP　*The Promise of Politics*, edited and with an introduction by Jerome Kohn, Schocken Books, 2005.（『政治の約束』高橋勇夫訳、筑摩書房、二〇〇八年）

RJ　*Responsibility and Judgment*, Schocken Books, 2003.（『責任と判断』中山元訳、筑摩書房、二〇〇七年）

RV　*Rahel Varnhagen: The Life of a Jewess*, translated by Richard and Clara Winston, London: East and West Library, 1958.（『ラーエル・ファルンハーゲン』大島かおり訳、みすず書房、一九九九年）

VA　*Vita activa oder Vom tätigen Leben*, ungekürzte Taschenbuchausgabe, Piper, 2002.［初版 1960］（『活動的生』森一郎訳、みすず書房、二〇一五年）

WP　*Was ist Politik?: Fragmente aus dem Nachlaß*, Ursula Ludz (Hrsg.), Piper, 1993.（『政治とは何か』（佐藤和夫訳、岩波書店、二〇〇四年）

六、その他の著作については、そのつど注の中で出典を示し、本文中の括弧内に姓と出版年と頁数を併記した。

はじめに

現代を生きる私たちは、「砂漠」の中で生きている。

二十世紀を代表する政治哲学者の一人であるハンナ・アーレント（Hannah Arendt, 1906–1975）は未刊行の書籍『政治入門』の草稿の中で、人と人の間で形成される関係性が失われることを、「砂漠の拡大」と表現している。[1]「砂漠の拡大」とは、人々が唯一性と複数性をあらわにする場所が失われる事態を意味する。言い換えれば、異なる意見を持った複数の人々がそこにいるにもかかわらず、私が、あるいは別の誰かがそこにいないものとして扱われることであり、存在を覆い隠されることである。

異質な他者の隠蔽と排除は、意識的に行われることもあれば、無自覚にもなされうる。無自覚な排除は、たとえば以下のような形で行われる。「ニュースでは最近話題になっているけれど、私は同性愛者なんて実際に見たことも聞いたこともありません。私の周りにはそんな人はいませんよ」と目の前の人間に対して語る人は、それを聴いている者がどのようなアイデンティティをもっているのか、どのような意見をもっているか、どのように傷ついているのかを、まったく想像していない。このような言明を行う者は、たとえ本人が意識していなくとも、自分の属する共同体の枠組みがあたかも客観的な事実であるかのように無批判に受容し、自分にとっての常識を他者へと拡大し、強制的な同化を迫っているのである。

同質的な共同体においては、マジョリティは自分の基盤を脅かす異質な他者を「いないもの」として隠蔽し、排除することで、自身が安定した共同体の一員であるという安心感を得ようとする。想像力の欠如は、無自覚な暴力であり、多様な他者の存在が世界へ現れることの拒絶である。

想像力（構想力：imagination, Einbildungskraft）の働きは、アーレントの政治哲学の根幹を支える役割を担っている。政治的な想像力とは、自分とは異なる意見を持つ人間が同じ世界にいるということを想像する能力であり、政治的共通感覚とも呼ばれる。政治的想像力は、自分の勝手な思い込みを他者へ押しつけることでもなければ、他者との合意形成を根拠づける客観的規則でもない。政治的想像力とは、私の話を聞いている「誰か」が、私とは異なる意見を持っているかもしれないと想像する力であり、自分とは異なる他者の意見に耳を傾け、理解しようとする努力であり、仮にその意見に同意できないとしても相手が「そのような存在」として世界に現れていることを認めることである。言い換えれば、想像力は、異なる人々が対話を始め、関係性を構成することそれ自体の条件である。人々は想像力をそのつど実際に発現することによって、自由で平等な語りと聴取により結ばれる「人間関係の網の目」を形成することが可能になるのである。

しかしながら、アーレント自身も危惧していたように、自由で平等な言論空間はきわめて儚いものである。なぜならこの空間は、人々が異質な他者と関係性を結ぶ努力を行っている瞬間にのみ、そのつど行為遂行的に現れる空間だからである。したがってこの空間は、様々な要因のせいでたやすく消失してしまう。たとえば、国家が様々な「マイノリティ」――少数民族、移民、難民、障害者、LGBTQ＋等――を敵に仕立て上げ、攻撃することで、同質的共同体である「マジョリティ」の基盤と安定性を保とうとする事例は、残念ながら現代社会の様々な場所で起こっている。そしてたちの悪いことに、多くの人々は国家の思惑と嘘に気づいていながらも、「自分とは関係のない人」のために自分の心身の安全が脅かされるリスクを冒すことを恐れて、見て見ぬふりをするのである。そうした人々は、自分がある日突然「排除される側」に回りうることを、想像していないのだ。

異質な他者の隠蔽と排除の先には、なにが残るのだろうか。それは、誰もが同じように思考し、誰もが同じように行動する社会であり、自分とは異なる立場にいる人々への無関心によって成り立つ社会である。そこでは人々は、もはや社会全体の中の代替可能な部品となり、それぞれの唯一性と複数性を喪失してしまう。この虚無的な事態が、アーレントの言う「砂漠」の意味である。

この「砂漠」は、二十一世紀の現代にあってますます広がりつつある。それでもなお、すでにこの世界に生まれてきてしまっている私たちは、砂漠の中で生きていくしかないのだ。アーレントは「砂漠」の中に生まれ落ちた人間の苦しみについて、次のように述べている。

しかし、まさに砂漠的状況下に苦しんで生きているからこそ、私たちはいまだに人間であり、いまだに損なわれていないのである。危険なのは、砂漠のほんとうの住人になることであり、その中で居心地良く感じることである。〔中略〕つまるところ、人間の世界はつねに「世界への愛」(amor mundi)の産物なのである。

(POP, 201–203)

では、「砂漠」の中で虚無主義に抗して、自己と他者の現れを失わずに生きていくためには、なにが必要なのであろうか。この問いに答えるために、本書は「共通感覚」と「世界への愛」というアーレントの概念を、現象学的に解釈することを試みている。それによって、「政治とは何か」「政治的に生きるとはいかなることであるか」という、アーレント政治哲学の根本的問題を探究することが、本書の狙いである。

注

(1)『人間の条件』と並行して書き進められており、『人間の条件』の続編となるはずであった著作の草稿。アーレントの死後、遺稿の整理が行われるなかで、『政治とはなにか』および『政治の約束』に収録され出版された。

序論

第一節　本書の目的

本書は、「人間の自由で平等な生の在り方はいかにして現象可能であるか」という、アーレント哲学の根本的な問いの解明を試みるものである。本書の目的は、ハンナ・アーレントの政治哲学の中心概念である「政治的生」（bios politikos）が、「共通感覚」（sensus communis）と「世界への愛」（amor mundi）の「共－起源的」（co-original）な相互作用の中で現れることを、現象学的観点から明らかにする点にある。それによって本書は、従来の諸研究では明確にされてこなかったアーレントの政治哲学の現象学的意味とともに、「政治的生」の意義と、それが出現するための諸条件を究明する。結論を先取りすれば、「政治的生」は、自由で平等な対話空間である「現れの空間」の中でのみ顕在化することが可能である。そして「現れの空間」は、異質な他者と同じ世界を共有する働きとしての「共通感覚」と、自らと異なる他者への尊敬の感情としての「世界への愛」の相互作用によって、はじめて顕在化することができるのである。

最初に、本書が探究すべきアーレントの政治哲学の現象学的意味について明示しておきたい。それは、次の三つの論点に集約できる。第一に、「政治的生」が営まれる政治的世界は[1]、現象学的な「現れ」と「隠れ」の動的構造によって成り立つ「現れの空間」(space of appearance, Erscheinungsraum)である。第二に、この「現れの空間」は、単なる空間的な場という意味ではなく、人間の政治的自由と複数性が生き生きと現れることが[2]可能になる本来の意味での政治的世界を意味する。第三に、「現れの空間」としての政治的世界は、次のような意味で「現れ」と「隠れ」の構造にある。

アーレントの政治的世界とは、異質で多様な人々の間を結ぶ「人間関係の網の目」(web)である。「網の目」は、人々が沈黙しているときにも、人々の間に潜在している。そしてこの「網の目」は、誰かが自由で平等な語りを実際に開始し、その語りを別の誰かが聴取し解釈するとき、潜在的状態から顕在的状態にはじめて転換する動的な構造をもつ。「網の目」としての世界は、自由な語りと聴取が現に行われている間にのみ顕現しうる、一回的で偶然的な言論空間である。言い換えれば、世界は沈黙によって隠され、語りと聴取によってそのつど顕在化する。この語りと聴取の相互的活動が、アーレントのいう「政治的生」の内実であり、「人間関係の網の目」の構成を可能にしているのが「共通感覚」と「世界への愛」の働きなのである。

こうしたアーレント独特の政治的世界の構造を理解するためには、この構造を支える「政治的生」

を現象学的観点から解釈することが必要である。そのために、本書は、「政治的生」が「共通感覚」と「世界への愛」の「共‐起源的」な相互作用の間でのみ、はじめて顕在化可能であることを明らかにしたい。「共通感覚」と「世界への愛」は、「政治的生」および「政治的生」が営まれる場である「現れの空間」が顕在化するための「不可欠の条件」(conditio sine qua non)[3]である。

こうした「政治的生」、「共通感覚」、「世界への愛」の現象学的構造は、アーレントの政治哲学の根幹をなすにもかかわらず、従来のアーレント研究史ではほとんど注目されず、本格的に研究されてこなかった。また、アーレント自身も上記の構造を明示的には語っていなかった。本書は、この二重の意味で隠されていたアーレントの政治哲学の現象学的構造を明らかにすることで、アーレント研究史の欠落を埋めることを企図している。

そこで本書のキーワードとなる「政治的生」、「共通感覚」、「世界への愛」の現象学的構造を明らかにするために、次の三つの課題に取り組みたい。

第一の課題は、アーレントの「現れの空間」が、人間の「政治的生」のあらわになる場であることを明らかにすることである。アーレントは、古代ギリシャにおける「ビオス」(bios)と「ゾーエー」(zōē)の区別に立ち返り、自由で平等な対話行為の実践である「政治的生」と、自然の因果必然性のプロセスである「生物学的生」を厳密に区別した。そして彼女は、前者が後者の領域に取り込まれ、喪失することをつねに警戒していた。なぜなら、「政治的生」は人間の複数性が現実化できる唯一の場であり、「政治的生」の空間の喪失は、人間が異質な他者とともに生きる自由である「政治的自由」

の喪失に等しいからである。本書は、この「政治的生」の空間の意義と、その現象学的構造を詳細にわたって究明する。

第二の課題は、アーレントの「共通感覚」が「他者と世界を共有する感覚」を意味することに着目し、「共通感覚」によって「現れの空間」としての世界がそのつど現実化・顕在化可能となることを明らかにすることである。この考察の必要性は次の点にある。アーレントの「共通感覚」は、彼女自身が明らかにしたように、カントの『判断力批判』第一部の「美感的共通感覚」を「政治的共通感覚」として読み換えた概念である。アーレントにおける「共通感覚」は、しばしば誤解されるような、個々人の歴史性から乖離した普遍的理性の原理でもなければ、ある特定の共同体内部の同一性を意味するものでもなく、「構想力」(imagination, Einbildungskraft)と「視野の広い考え方」(enlarged thought, erweiterte Denkungsart)によって成り立つ。言い換えれば、「共通感覚」は、自分とは異なる「意見」を持つ他者とともに、ある共通の事柄について対話することを可能にする能力である。本書は、「行為者」(actor)と「注視者」(spectator)が「構想力」と「共通感覚」を行使することによって、「現れの空間」を共に顕現させるプロセスを明らかにする。

第三の課題は、「世界への愛」が「現れの空間」としての世界の「創始」(initiative)をもたらすことを明らかにすることである。「世界への愛」は、性愛、親子の情愛、キリスト教的な「神への愛」、共同体の保全を目的とした「同胞愛」等とはまったく異質の「愛」である。「世界への愛」は、自己と他者の唯一性を尊重し、互いの「あいだ」としての距離を保った上で、なおも異質な他者と共に同じ問題について対話をしようと努める働きである。アーレントは「世界への愛」の考察を通じて、「同胞愛」による同質的な共同体の在り方の危険性を、現代フランスの哲学者、J・デリダに先んじて明らかにしていた。画一的な価値観による排除と同化の暴力的構造が人間的な「生」そのものの成り立つ場所を消失させる事態をあらわにすることで、そうした事態とは対照的な「世界への愛」の重要性を明らかにしたい。

結論として本書は、「共通感覚」と「世界への愛」が、政治的な「赦し」と「約束」を通じて、「政治的生」をそのつど現実化・顕在化させる構造を解明する。上記の諸課題の探究によって、従来の研究史の中で隠されてきたアーレントの政治哲学の現象学的構造を開示することができるだろう。本書の成果によって、アーレントの政治哲学が現代の画一的で排他的な社会構造の中で隠蔽されている人間の唯一性と多様性に光を当てるものとして、今日なお重要な意義を有することが明らかになるだろう。

第二節　先行研究の現状と本書の立場

ここでは、上記の研究課題に取り組むべき理由と意義について、研究史の観点から、アーレント研究の現状と本書の立場を説明する。そのために、第一に、本書のテーマに関連する従来のアーレント研究史を回顧し、本書の現象学的方法の固有性と研究上の位置づけを明らかにしておきたい(4)。ただし、研究史の詳細な分析は本論第一章に譲り、ここでは概要を述べるにとどめる。第二に、現象学的な観点に依拠したアーレント解釈の先行研究に対しての、本書の独自性と固有性についても明示する。

従来の研究史を回顧すれば、アーレントの政治哲学に関する諸概念については主として三つの立場から考察されてきた。

第一の立場は、M・サンデル[5]に代表される共同体主義的アーレント解釈である。彼によれば、アーレントはアリストテレス的な「共通善」の復権を目的としている。筆者のみるところ、サンデルはアーレントの政治的共通世界を、実体的な政治的共同体として理解している。サンデルの「共通善」の理論においては、共通感覚はひとつの共同体の中で異なるアイデンティティを結びつける共通の徳であると解釈される。

第二の立場は、R・ベイナー[6]やS・ベンハビブ[7]等にみられる、カント主義的アーレント解釈である。彼らによれば、アーレントの政治的判断力は、カントの『判断力批判』における美感的判断力の政治哲学的な読み換えの成果である。政治的判断力は、可能的他者の代理表象を行う構想力と、反省的理念としての共通感覚によって成り立つ。アーレントは政治的言論行為の当事者である「行為者」と、現象から距離をとって出来事の意味を判断する「注視者」を区別する（LKPP, 55）。だが、この区別に対してベイナーは、アーレントが活動的生と観想的生の二元論的対立をもたらしたと批判する（LKPP, 139–140）。

第三の立場は、M・ジェイ[8]やS・ウォリン[9]等にみられる、ニーチェ主義的アーレント解釈である。

彼らによれば、アーレントにおいて言語行為と判断は、闘技場としてのアゴーンの中で偶然的に下される決断である。ジェイによれば、アーレントは政治的行為の「栄誉」を、美感的判断力の理論から導出している。[10] ジェイは、アーレントの理論は政治的実存主義に根ざしており、「ひとつのイデオロギー」[11]であるとして、アーレントの政治哲学の危うさを批判している。

筆者のみるところ、上記の三つの伝統的アーレント研究の立場は、いずれもアーレントの「現れの空間」や「世界に現れる」という言説の本来の意味を見失っている。言い換えれば、世界はどのように現れうるか、世界へ現れるとはいかなることか、世界への現れの喪失は何をもたらすのかといった、現象学的観点からのアーレント研究が欠けているのである。上記の根本的問いに応答するために、本書は後述するように、現象学的な方法を採用する。[12] この方法をとることで、アーレントの世界概念の本来の意味に光を当てることができるはずである。

アーレントの現象学とは、政治的世界が「現れの空間」であることを、「政治」という語の始源である古代ギリシャの「ポリス」(polis)の本来の意味に遡ってあらわにする理論である。「ポリス」は本来、自由で平等な言論活動によって、人間が多様な「意見」(opinion, doxa)を相互にあらわにする公共的な場を意味していた。アーレントは、多様な人々が自由で平等な語りと聴取によって相互の実存と政治的世界を同時に顕在化させる営みを、「活動」(action)と表現する。第一章で詳述するように、活動は「政治的」(political)な、つまり「ポリス的」な生の営みである。アーレントの「政治」は、しばしば誤解されるような狭義の現実政治を意味するのではない。彼女は、人間の実存が「ポリス的」な言論空間である政治的世界の中で、多様な（plural）現れ方、言い換えれば、それぞれが特殊で唯一的な現象の仕方をするという事実に注意を向ける。「現れ」は、複数の他者の間で「意見」（doxa）をあらわにすることである。政治的「意見」はプラトン的な真実在に対する仮象ではない。それどころか、「意見」は多様なパースペクティブの交錯の中で、己の実在をあらわにすることができる、唯一の方法なのである。アーレントは、世界へ「現れること」（Appearing）が、人間として「存在すること」（Being）であると表現する。[13] アーレントの政治的活動とは、日常生活の場では隠されている人間の多様な生き方と差異性を現象させ、新たな生き方の指針をあらわにする言語行為なのである。こうした観点からみて、筆者は、アーレントの政治哲学が、人間の世界性と複数性（plurality）に依拠する現象学的存在論の立場に立っていると解釈する。

アーレントの「現れの空間」としての世界概念は、フッサール、ハイデガー、ヤスパースらに代表されるドイツの現象学と、サルトル、メルロ＝ポンティらに代表されるフランスの現象学との、知的交錯の中で形成されている。ただし本書が明らかにするように、アーレントの現象学は、超越論的主観性に依拠するフッサールの立場とも、現存在の解釈学に依拠するハイデガーの立場とも、身体性と知覚に依拠するメルロ＝ポンティの立場とも異なり、複数の人々の間の言論行為によって顕在化する「現れの空間」としての世界に依拠している点に注意すべきである。

アーレントの「政治的生」とは、自由で平等な言語行為によって他者と関係性を結ぶことにより、人々の間に世界を現前させ、その世界に参入すること、つまり「世界へと誕生する」（come in to the world, in die Welt kommen）（HC, 178; VA, 217）[14] ことを意味する。したがって、アーレントの諸概念はつねに、「世界の現れと隠れ」と「世界への現れと世界からの隠れ」という、二つの現象学的構造の中で理解されるべきである。というのも、「世界の現象」と「世界を構成する人々の現象」が、同時的であり、共‐起源的である点に、アーレント政治哲学の重要な特徴があるからである。「世界の現れ」と「世界への現れ」は、「共通感覚」と「世界への愛」が発揮されることで、そのつど同時に、行為遂行的に現実化する。また、「世界への現れ」が実践されなくなったとき、あるいは本来の意味での「政治」以外の強制力によって「世界が隠蔽される」とき、世界とそこで政治的に生きる人々は、同時に世界と自己の存在を喪失するのである。

ところが、日本のアーレント研究史を回顧するならば、アーレントの「政治的生」、「共通感覚」、「世界への愛」の現象学的意味を詳細に分析している研究はいまだ存在しない[15]。海外の研究では、アーレントの諸概念の現象学的意味に関する有意義な成果は一定数存在するが、しかし従来の諸研究は、「政治的生」と「共通感覚」と「世界への愛」を個別的に考察するだけに留まり、これらの相互作用に立ち入って吟味・検討を加え、その意味を十分に解明することはできていないように思われる。とりわけ、「世界への愛」の現象学的考察はほとんど試みられていないのが実情である。しかし筆者の見るところ、「世界への愛」は、「共通感覚」や「政治的生」のダイナミックな顕在化を促す不可欠の契機である。本書は、従来のアーレント研究史におけるこれらの欠落を補う試みであり、同時にこれまで隠されてきたアーレントの諸概念の現象学的意味をあらわにすることを目指している。

以上を踏まえた上で、本書は独自の立場から、新たなアーレント解釈を提示する。そのために筆者は、本論の中で、P・リクール、J・デリダ、D・R・ヴィラ、O・オルコウスキー、M・ボレンらによる、アーレントの現象学的研究の成果を手がかりとした上で、筆者自身の見解を提示したい。

従来の現象学的アーレント解釈の重要な成果として、本書は次の二点に注目する。第一に「共通感覚」を「現実感覚」あるいは「世界を共有する感覚」であると捉える点。第二に、「世界への愛」や「政治的勇気」の働きが、世界とその中で活動する人々の誕生に必要不可欠であると理解する点である。

筆者は、基本的には彼らの研究成果に賛同する。しかし彼らは「政治的生」、「共通感覚」、「世界への愛」の関係について、部分的な相関関係を示唆するにとどまっている。したがって本書は、これらの先行研究の不足を補うとともに、「政治的生」、「共通感覚」、「世界への愛」の相互作用を明らかにすることで、現象学的アーレント解釈の新たな視点を開くことを試みる。新たな解釈の視点とは、「共通感覚」と「世界への愛」の「共‐起源的」な相互作用が、「現れの空間」としての「政治的生」の空間を、行為遂行的にそのつど現実化・顕在化させるという事態の内実を理解するというものである。

第三節　本書の考察方法

上記の諸課題に取り組むにあたって、本書の採用する考察方法について説明する。

第一に、本書は現象学的考察方法によって、アーレントの政治哲学における重要概念である「政治的生」、「共通感覚」、「世界への愛」の三つの関係性を明らかにする。本書における現象学的考察方法とは、次の意味である。すなわち、「現れ」と「隠れ」、「顕在化」と「潜在化」という動的な構造を把握することによって、政治的世界およびそこで生きる人々の実在の諸条件を究明することである。

ここで筆者は、アーレントに大きな影響を与えたハイデガーの『存在と時間』における現存在の現象学的考察方法と、アーレントの政治哲学の考察方法を対比させて説明してみたい。まず、ハイデガーが人間を「世界内存在」と把握して、現存在の存在と存在者との存在論的区別を試みたのに対して、アーレントはこの区別の代わりに、人間を政治的世界という「複数の人間の間」に生きる政治的存在者とみなした。また、ハイデガーが平均的日常性における「おしゃべり」（Gerede）によって隠された存在者の根拠である存在をあらわにしようとしたのに対して、アーレントは、日常性における人間存在の「複数性」に基づく他者との言語行為（action）によって人間の本来の生き方である「政治的生」の意義をあらわにしようと試みた。アーレントの政治哲学の狙いは、「労働」や「仕事」に隠れて見えなくなっている人間の本来の生き方と、そのための諸条件をあらわにしようとする点にある。

この点でアーレントが、ハイデガーの現象学的方法から多くのヒントを得てきたことは、上記の現象学的な考察方法を採用するアーレント研究者もほぼ認識を共有している。しかし同時に、アーレントはハイデガーとは異なり、あくまでも世界の中で、他者と共に互いの存在をあらわにする現象学的構造を展開するのである。本書は上記の解釈のもとで、アーレントの政治哲学の諸概念を、とりわけ『カント政治哲学の講義』における構想力と「共通感覚」を現象学的に解釈することを試みている。そのことは、ベイナーをはじめとする伝統的なカント主義的アーレント解釈に逆行することを意味するわけではない。アーレントがカントの諸概念を継承しつつ、自身の政治哲学の中で現象学的に読み換えた思索のプロセスを辿り、両者のテキストにそのつど立ち戻りながら筆者独自の観点から分析することを企図している。

第二に、本書の検討する研究領域について確認しておきたい。ここで扱う主要な文献は、『人間の条件』(ドイツ語版タイトル『活動的生』)および『カント政治哲学の講義』である。前者はアーレントの最初の本格的な政治哲学の試みであり、後者は、アーレントの政治的判断力の源泉となったカントの『判断力批判』を扱った遺著とも言うべき哲学的著作だからである。ただし、その主題に関連する範囲内で、他の著作も適時参照する。なお、筆者は、『人間の条件』から『カント政治哲学の講義』に至るアーレントの思索の連続性を主張する立場を採用する。言い換えれば、ベイナーやハーバーマスが批判するような「理論と実践の断絶」は存在しない、という見解を採る。その理由として、次の二点を挙げることができる。

第一の理由は、アーレント自身の記述にある。彼女は、『人間の条件』出版時期の日記や、師のヤスパース宛ての書簡の中で、『人間の条件』の題名を『活動的生』(vita activa)あるいは『世界への愛』(amor mundi)とする構想を持っていたことを言明している。(16) また、カントの『判断力批判』を自身の政治哲学の中で読み換える構想を、同時期の書簡に記している。(17) したがって、アーレントは少なくとも『人間の条件』出版の段階で、『精神の生活』の最終巻となるはずであった政治的判断力に関する議論の基本的枠組みを構想していたはずだと解釈することができる。

第二の理由は、『カント政治哲学の講義』で詳細に論じられた「注視者」の立場が、活動を行う「行為者」が世界の中で現れるために不可欠だからである。その意味で『カント政治哲学の講義』は、アーレント研究にとって最も重要な文献に属する。なお、この論点については本論第三章で詳述するので、ここでは筆者の解釈の結論のみを述べるにとどめておく。

第四節　本書の構成および結論

本書は、以下の論述構成に即して考察を展開する。

第一章では、アーレントの「政治的生」の現象学的意味を明らかにする。そのために、アーレントの「生」概念がビオスとゾーエーの二つに区別されることを確認し、ビオスの領域であるポリスが「現れ」と「隠れ」の構造にあることを明らかにする。本論で詳述するように、「政治的生」が営まれる場である「現れの空間」は、人間の「生のリアリティ」が顕在化するために不可欠の条件である。多様な人々の生の意味は、異質な人々との語りと聴取の営みをそのつど始めることで、はじめて顕在化し、リアリティをもつことができる。対話の場である「現れの空間」もまた、人々の語りと聴取が行われている間だけ、行為遂行的に顕在化しうるのである。本章では、「現れ」と「隠れ」の構造が、アーレントの政治哲学の根本に位置する現象学的構造であり、この構造がアーレントの「政治的生」の的確な理解に不可欠であることを明らかにする。

第二章では、アーレントの「政治的自由」概念の分析を通じて、「政治的生」の空間である「現れの空間」が、「共通感覚」と「世界への愛」という二つの働きから生まれることを明らかにする。「共通感覚」は、他者の立場に立って思考する「構想力の自由」によって「他者と世界を共有する感覚」である。この「共通感覚」が発揮されるためには、他者とともに構成される世界へと新たに参入する「自発性」と「勇気」が必要である。この「自発性」と「勇気」の原動力となるのが、「世界への愛」の働きである。本章では、アーレントにとって本来の政治的な場が「共通感覚」と「世界への愛」という二つの働きから生まれる現象学的空間であること、そこで働く「自発性」と「勇気」もまた、「現れの空間」の現実化・顕在化に不可欠であることを明らかにする。

第三章では、上述の「政治的生」の空間を顕在化する第一の条件である「共通感覚」の現象学的意味を解明する。そのために本章では、『カント政治哲学の講義』でアーレントの共通感覚論にとって中心的な役割を果たしている「行為者」と「注視者」の概念に着目する。ヴィラによるアーレント解釈を手がかりとしながら、「行為者」と「注視者」が、互いを同時に現象させるという意味での「共‐起源的」な関係にあることを示し、「行為者」と「注視者」の「共‐起源的」関係の間でそのつど現象するのが「政治的生」の空間であり、「行為者」と「注視者」が同じ世界に関わることを可能にしているのが共通感覚であることを解明する。これらの考察によって、「行為者」と「注視者」との間には、活動的生と観想的生の二元論的対立が生じることなく、整合的な解釈が可能であることも明らかにされるはずである。

第四章では、「政治的生」の空間の出現のために不可欠な第二の条件である「世界への愛」の現象学的意味について、ボレンの解釈を手がかりにその重要な意義を明らかにする。「世界への愛」と「同胞愛」という二つの「愛」の概念を対比させて考察することによって、「世界への愛」の固有性と、その喪失がもたらす人間存在の危機が明らかになるだろう。本論で詳しく述べるように、個々の人間は、単独で現れることはできず、他者に向けて自分の「意見」を発し、多様なパースペクティブから解釈されることではじめて、自身の唯一性と複数性をあらわにすることができる。したがって、「同胞愛」によって共同体がひとつの原理のもとに「均制化」されることは、人間の多様な生が現れる機会の喪失につながる。この「同胞愛」に対してアーレントが提示するのが、自分とは異なる他者とともに世界を構成することを目指す「世界への愛」の働きである。

第五章では、「共通感覚」と「世界への愛」が「政治的生」の空間をそのつど新たに現象させる構造を、政治的な「赦し」と「約束」という二つの行為の相互作用を通じて解明する。政治的「赦し」

とは、人間を過去の行為の因果系列から解放する働きであり、過ちと復讐の連鎖から人間を解放し、新たに活動を始めることを可能にする。また、「約束」とは、自らの行為の結果を予測することができない人間が、未来にむけて他者とともに世界を創始することを可能にする。「共通感覚」と「世界への愛」は、「赦し」と「約束」の能力が発揮されることを促すものであり、この意味で「共通感覚」と「世界への愛」は、「赦し」と「約束」の「源泉」(Ursprung) ないし「起源」を意味する。言い換えれば、「共通感覚」および「世界への愛」の働きが発揮されなければ、「赦し」と「約束」は行われることなく、「政治的生」の空間が現れることもできないのである。

本書は結論として、以下のことを明らかにする。

アーレントの「現れの空間」は、人間の政治的自由と複数性が生き生きとあらわになる場である。しかしこの「現れの空間」は、自由で平等な言論活動が多様な人々の間で行われている間にのみ顕在化することのできる、不安定な場である。言論活動の実践とは、真理を合理的に導き出す討論ではなく、人々が己の意見を他者に向けて語ることで、自らの生の在り方をあらわにする「政治的生」の実践である。そして、この「政治的生」の実践は、「共通感覚」と「世界への愛」の働きに依拠している。「現れの空間」は、「共通感覚」と「世界への愛」によって「政治的生」の営みが実践されることではじめて顕在化し、現実化しうる。また、これらの働きはけっして単独で働くのではなく、互いに顕在化を促しあうことで、同時的に顕現するという「共‐起源的」な関係にある。

本論全体の論述が明らかにするように、「共通感覚」と「世界への愛」は、異なる他者の立場を想像し、他者の異他性を「尊敬」することで、同時に自己と他者の「独自性」を際立たせる。さらに、不可逆で予測不可能な行為を政治的「勇気」をもって行い、「世界への愛」によって行為の結果を互いに「赦し」、他者から裏切られる可能性を含意しながらも新しい行為を共に行う「約束」を交わしあうことで、政治的世界とその中で生きる人々の「再出生」が可能となるのである。「再出生」とは、政治的行為を行う者が、また新しく行為を始めることによって、再び政治的空間にあらわれる事態を意味する。この「再出生」を可能にするのが、「赦し」と「約束」である。

上記の考察を通じて、本書は「現れの空間」の現象学的構造、世界と世界の中で活動する人々の「共 - 起源的」関係、「自発性」と「勇気」の政治的意味、さらに「共通感覚」および「世界への愛」が「赦し」と「約束」の源泉をなすことを解明する。そのことによって、従来のアーレント解釈で問題となっていた「観想と行為の二元論的対立」からアーレントの政治哲学を解放できるはずである。

さらにそうした成果をふまえて、近代的「同胞愛」の排他的構造と、その排他的構造が人間の「政治的生」を脅かすことを明らかにし、アーレントの政治哲学の現代的意義に迫りたい。

アーレントは、「政治的生」、「共通感覚」、「世界への愛」という諸概念によって、「異質な人々の間に自由に現れること」が人間の唯一性と差異性の条件であると考えていた。筆者は、「異質な他者とともに世界を創始し、共有する」というアーレントの理念的モデルが、ビオス的生の領域の喪失がますます拡大している今日の状況の中で、再び注目されるべき根本的な意義をもつと確信している。

注

（1）本論で詳述するように、アーレントは「政治」および「世界」という言葉を、彼女独自の現象学的意味で用いている。アーレントの政治哲学において「政治」とは、自由なポリスの中で行われる相互的言論行為の営みを意味する。また、「世界」とは、自然的世界でも物質的世界でもなく、政治的言語行為を通じて自己と他者との間で立ちあらわれてくる「現れの空間」を意味する。詳細については、本論第一章を参照のこと。

（2）アーレントは世界の中で「新しい始まり」に出会う経験を、「生き生きとした経験」（die lebendige Erfahrung）あるいは「生の経験」（die Erfahrung des Lebens）と表現している（VA, 216）。本論で詳述するように、アーレントの「生き生きとした経験」は、ドイツ・ロマン主義的な「生の哲学」に依拠するのではなく、世界の中で他者と出会う政治的生の経験である。ちなみに、アーレント自身は、『人間の条件』第六章の脚注の中で「生の哲学の代表者」の名前を挙げて、次のような論争的叙述を展開している。「近代の生の哲学の最大の代表者は、生命と存在とを同一視している限り、マルクスとニーチェとベルクソンである。この同等視を彼らは内省から得ている。そして、実際、生命こそ人間が単に自分自身の中を覗くだけで気づくことのできる唯一の「存在」である」（HC, 519）。

（3）アーレントは『カント政治哲学の講義』の中で、カントの趣味判断の議論を政治的判断力の議論として読み換えることで、政治的判断力と共通感覚が、政治的行為とその行為が判定される空間の「不可欠の条件」であることを示している。詳細については、本書第二章を参照のこと。

（4）従来のアーレント研究の類型化については、以下の諸文献を参照。川崎修『ハンナ・アレントと現代思想　アレント論集Ⅱ』岩波書店、二〇一〇年、一九〇―二二八頁。D. R. Vi la, *Arendt and Heidegger: the fate of the political*, Princeton 1996, pp. 3–14.（『アーレントとハイデガー　政治的なものの運命』青

木隆嘉訳、法政大学出版局、二〇〇四年）

（5）Cf. M. J. Sandel, *Public philosophy: essays on morality in politics*, Cambridge 2005, p. 155.（『公共哲学——政治における道徳を考える』鬼澤忍訳、筑摩書房、二〇一一年）

（6）Cf. R. Beiner, *Political Judgment*, Chicago 1984.（『政治的判断力』浜田義文監訳、法政大学出版局、一九八八年）

（7）Cf. S. Benhabib, 'Judgment and the Moral Foundations of Politics in Hannah Arendt's Thought', in: *Judgment, Imagination, and Politics: themes from Kant and Arendt*, edited by R. Beiner and J. Nedelsky, Lanham 2001, pp. 183–204.

（8）Cf. M. Jay, *Permanent Exiles*, New York 1985, pp. 237–256.（『永遠の亡命者たち——知識人の移住と思想の運命』今村仁司他訳、新曜社、一九八九年）

（9）Cf. S. Wolin, Hannah Arendt: Democracy and Political, in: *Hannah Arendt: Critical Essays*, edited by L. P. Hinchman and S. K. Hinchman, New York 1994, pp. 289–306.

（10）Jay, 1985, 252.

（11）Ibid., 256.

（12）タッサンは、アーレント哲学の特徴として、「現象としての世界と同時に諸存在の複数性が与えられている」点を挙げている（É. Tassin, 'La question de l'apparence', in: *Ontologie et Politique: Actes du Colloque Hannah Arendt*, édité par Miguel Abensour et al., Paris 1989, p. 67）。タッサンによれば「この複数性を基礎づけたり、他者の承認を考慮したりする必要はない。個我から出発するのではなく、逆に世界によって構成された複数性から出発する。ここに、フッサールから始まる現象学の伝統とアーレントを分かつ特徴的な相違がある」。この指摘は、アーレントの政治哲学の本質に触れる重要な示唆を与えている。

詳しくは本論で展開するが、ここでもこの指摘の重要性を確認しておきたい。なお、右の引用文の訳出にあたっては以下の文献を参照した。小野紀明『現象学と政治——二十世紀ドイツ精神史研究』行人社、一九九四年、三八八頁。

(13) アーレントは『精神の生活』第一部で、人間存在と世界の現象学的性格について論じている。「この世界の中では、存在すること (*Being*) と現象すること (*Appearing*) は一致する。〔中略〕この世界の中では、その存在が観客を前提としていない事物や人間はありえない。言い換えれば、存在するものは、それが現れである限りは単独では実在しない。〔中略〕ただ一人の人間 (Man) ではなく、複数の人々 (men) がこの惑星には住んでいる。複数性が地球の法則である」(LM I, 19)。アーレントは上記の引用によって、人間存在が複数性と政治的世界によって条件づけられることを示している。

(14) 「世界へ到来する」(come in to the world, in die Welt kommen) という表現は、英語・ドイツ語ともに「この世に生まれてくること」すなわち出生を意味する修辞表現である。アーレントはこの表現によって、政治的出生とは「新たな始まりを世界へ持ち込むこと」だと示唆しているのである。

(15) 例外として、下記の文献はアーレントの現象学的解釈を部分的に考察している。小野紀明『現象学と政治——二十世紀ドイツ精神史研究』行人社、一九九四年、三七八—三九八頁。橋爪大輝『アーレントの哲学——複数的な人間的生』みすず書房、二〇二二年。

(16) 『アーレント＝ヤスパース往復書簡』書簡番号169(一九五五年八月六日)、書簡番号183(一九五六年四月七日)を参照のこと。

(17) アーレントは、『思索日記』(一九五七年八月、断章18から36まで)や、ヤスパース宛の書簡(一九五七年八月二九日、書簡番号209)の中で、『判断力批判』におけるカントの諸理念を自身の政治哲学の中で読み換える試みを開始している。これらの断章は、『カント政治哲学の講義』で語られていた内容の原型と言える。アーレントはこれらを『人間の条件』（一九五八年）出版以前に書き残している。この事実は、彼女がすでに『人間の条件』出版の段階で、政治的判断力論の構想を抱いていたことを示唆している。

第一章

「政治的生」の現象学的解釈——ビオスのリアリティの救済にむけて

第一節　「現れ」と「隠れ」の政治哲学

本章の目的は、「現れ」と「隠れ」という観点からアーレントの政治哲学の現象学的特徴と独自性を明らかにすることにある。そのためにここでは、アーレントの「ポリス」（polis）概念の現象学的意味を解明する。結論を先取りすれば、「ポリス」とは、人間の政治的生（political life, bios）が「リアリティ」（reality, Wirklichkeit, Realität）をもって立ち現れる「現れの空間」（space of appearance, Erscheinungsraum）である。

第四節で詳述するように、アーレントはリアリティ（reality）という言葉をきわめて特異な意味で用いている。アーレントのリアリティとは、Wirklichkeit（現実）とRealität（実在）の二つの意味を含みこんだ概念である。リアリティが発揮されている状態とは、自由で平等な言語行為によって、他者に向けて今・ここで存在を暴露している動的な状態を指す。すなわち、リアリティとは、物質的な実在性ではなく、現実政治（リアル・ポリティクス）でもなく、「現れ」と「隠れ」という現象学的構造の働きによってあらわになる人間的生の本来の在り方を意味するのである。

　ところで、アーレントは古代ギリシャの概念を用いて、複数の人間の間で生まれる〈対話の場所〉を政治的空間（polis）と呼ぶ。ただしアーレントの言う「ポリス」は、彼女の政治哲学の中で次のような独特の現象学的意味を与えられている。アーレントによれば、「ポリス」とは、ある時間に、ある場所で偶然集まった人々が、互いに向けて語り始めることでそのつど形成される、「人間関係の網の目」（web）である。言い換えれば、「ポリス」とは物理的空間ではなく、誰かがそこで語り始め、誰かがその意見を見聴きするという相互的行為によって形成される人間関係そのものを意味する。「人間関係の網の目」に〈対話の場所〉としてのリアリティを与えるのは、木やコンクリートのような物質的な実在物ではなく、「誰かと誰かが語り合うことを始める」という人間の行為なのである。

　序論でも触れたように、アーレントは世界へ「現れること」（Appearing）が、人間として「存在すること」（Being）であると表現する。その言明の意図は、次の三点にある。第一に、人間は、自由で平等な語りと聴取の営みを通じて、互いの存在をあらわにすることが可能になる。第二に、人間存在が相互的に顕現する場が「現れの空間」であり、「現れの空間」の創始と共有を、今・ここでそのつど繰り返し行うことが、「政治的生」の営みである。第三に、「政治的生」は、人間存在の在り方を現実化・顕在化させる行為の連関であり、アーレントの政治哲学の根幹を支える概念である。

しかし研究史上、従来の多くの諸研究は、アーレントの政治哲学の現象学的意味を見落としてきた。そのためにしばしば、アーレントの政治哲学が言語優位の普遍主義的な理論であるとか、あるいは感情優位の相対主義的な議論であるという誤解が生じたのである。

これに対して、本書は、現象学的アーレント解釈の立場から、「現れの空間」の創始と共有が「政治的生」のリアリティを現実化・顕在化させることを明らかにする。その上で、アーレントが依拠する立場は普遍主義でも相対主義でもなく、人間存在の複数性（plurality）に依拠した現象学的存在論であると解釈する。(1) こうした立場からアーレントの政治哲学を解釈する場合、最初の課題は、アーレントにとって複数の人間の間で存立しうる〈対話〉と〈対話の場所〉の成立条件をさらに立ち入って探求することである。

そのために本章では、以下の順序で議論を展開する。第一に、アーレントのポリスが、「現れ」と「隠れ」の構造をもつ現象学的空間であることを明らかにする。第二に、アーレントの「政治的生」の意味を、ゾーエーとビオスの対比から明確にする。第三に、同化の暴力的構造と「生」の不安が「現れの空間」を隠蔽することを示し、「現れの空間」の隠蔽が「政治的生」の喪失をもたらすことを解明する。

第二節　「現れの空間」としてのポリス

アーレントの「政治」(politics) という概念は、とりわけ社会学的観点からのアーレント研究史の中で、しばしば誤解を受けてきた。アーレントのいう政治は、狭義の現実政治を意味するのではない。彼女は政治という語の意味を、この語の始源である古代ギリシャのポリスに遡ってあらわにする。ポリスは本来、自由で平等な相互的言語行為によって、人間が多様な「意見」(doxa) をあらわにする公共的な場を意味していた。

アーレントは『人間の条件』の中で、ポリスについて次のように説明している。

> 正確に言えば、ポリスというのは、ある一定の物理的場所を占める都市＝国家ではない。むしろ、それは、共に活動し、共に語ることから生まれる人々の組織である。〔中略〕活動と言論は、それに参加する人々の間に空間を作るのであり、その空間は、ほとんどいかなるときいかなる場所にもそれにふさわしい場所を見つけることができる。〔中略〕すなわち、それは、私が他人の眼に現れ、他人が私の眼に現れる空間であり、人々が、たんに他の生物や無生物のように存在するのではなく、その現れ(appearance) をはっきりと示す空間である。
>
> (HC, 198–199)

この引用文が示すように、ポリスとは人間たちが共に語ることとそれ自体から生まれる「現れの空間」である。この空間は、潜在的な活動力が自らを顕在化すること、つまり、デュナミスが自らエネルゲイアの状態に変化することで生まれる。アーレントはアリストテレスによる可能態（デュナミス）と現実態（エネルゲイア）の理論を、[2]自身の政治哲学の中で独自に読み換えている。アーレント哲学の中で、現実性と顕在性は同義である。ポリスが人々の間で顕在化することは、人々の間に可能性として潜在していたポリスが、可能態から現実態へ移行することを意味している。ただしアーレントは、政治的世界の潜在化・顕在化を解明するためにデュナミスとエネルゲイアの概念を用いたが、完全現実態（エンテレケイア）の概念は持ち込まなかった。なぜならアーレントにとって政治的世界は、「不動の動者」に向かう目的論的構造ではなく、多様な人々が対話によって潜在化と顕在化を絶え間なく繰り返す、動的構造の中にあるからである。

アーレントによれば、ポリスを生み出す言語行為は、「活動」（action）と呼ばれる。活動は、複数の人々が、各々のパースペクティブから互いの意見を見聴きすることにより、互いの唯一性と差異性を顕在化させる行為を意味する。この見解は、他の現象学者や政治哲学者に対して大きな刺激を与えてきた。

例えば、リクール[3]も言及しているように、活動とは、「行為者」（actor）が言葉によって自らを暴露し、自分が「誰であるか」（who）を顕在化することである。「行為者」は言葉を発することで、自身が複数の他者に見られ聴かれる者として現れることを要請する。「行為者」と、その現れを見聴きする人々の間で構成されるのが「現れの空間」である。この「現れの空間」は、「公的領域」（public realm）あるいは「人間関係の網の目」とも言い換えることができる。リクールによれば、「現れの空間」と「行為者」の顕現は「互いに浸透しあって」おり、これらは共に働くことで、「政治的生の条件を構成」している。(4)

この場合、「行為者」は、自らの「意見」を語ることで、自身を世界に挿入（insert）し、「生の物語」を開始する。リクールの分析によると、伝統的なドクサは次の二つの意味をもっている。(5) 第一の意味は、幻想の反対物であり、「見えるようにすること」である。言い換えれば、「現出すること」「光のなかに置くこと」「舞台の上にあげること」、物語を締めくくる「栄光」（gloire）である。第二の意味は、学知（エピステーメー）の反対物であり、「〜と思うこと」である。この意味でのドクサは、真理に対する憶見という意味で、プラトン以降の西洋形而上学の中で、不確かなものとして下位に置かれてきた。

だがアーレントの「ドクサ」概念は、真実在に対する仮象ではなく、むしろ反対に、人々の間で語られる言葉の根本条件を示すものである。人々はそれぞれのパースペクティブから己の思うことを述べるのであり、その内容はすべて異なるものとならざるをえず、理解と合意形成は困難である。しかし、異なることを前提とした上でそれぞれの思考を語ることで、はじめて思考は現実のものとして、人々の間に顕在化し、意味を与えられることができる。つまりドクサは、「思うこと」を「見えるようにする」のであり、それは現実の人々の語りと聴取の営みの中ではじめて可能になるのである。したがって、「意見」による存在の暴露は、異質な他者との間で己の存在をあらわにするための、唯一の方法なのである。

また、行為者が新たな「意見」を語り始めることは、「出生」(natality)あるいは「創始」(initiative)とも呼ばれる。意見の創始は、生物学的な誕生と対比して「第二の出生」とも呼ばれる。「出生」は、まったく新しい異質な一人の人間として「現れの空間」に参入すること、つまり「世界へ新しい始まりを持ち込むこと」を意味する。「行為者」は、それぞれ異なるパースペクティブから意見を物語ることで、自身の生の意味をあらわにする。ただし留意すべきであるのは、「行為者」による語りが、主観的なものではなく、他者の聴取によってはじめて成り立つ点である。個人の生の物語は、演じる者である「行為者」と、それを様々な立場から見聴きする観客である「注視者」(spectator)の間で立ち現れ、多様なパースペクティブから意味付与される、政治的現象である。言い換えれば、思考はけっして単独で存在するのではなく、他者に向けた言葉として現れる過程の中で、行為遂行的に形成されるのである。というのも、人は己の考えを語るとき、あらかじめ頭の中に書かれた台本を読み上げるのではなく、「考えながら語る」もしくは「語りながら考える」からである。

人々の政治的出生を可能にしているのは、リクールの言葉を借りれば、「共に生きることへの同意」[6]である。この同意とは、まったく違う意見をもった他者と「現れの空間」を共有することへの同意である。言い換えれば、異なる他者が存在することを許すことでもある。

以上の考察で示してきたように、「現れの空間」は実体的な物理的空間ではなく、異なる人々によって構成される「人間関係の網の目」を意味する。そして上述のアーレントからの引用文が示すように、「現れの空間」は、けっして固定化されたものではなく、偶然的で一回的な関係性である。なぜなら、「現れの空間」は自由な語りと聴取が現に行われている間にのみ顕現しうる、きわめて儚いものだからである。

このような儚い性格を持つ「現れの空間」は、人々が沈黙しているとき、人々の間に潜在している。そして、誰かが自由で平等な語りを現実に開始し、その語りを別の誰かが聴取し解釈するとき、はじめて潜在の状態から顕在の状態に行為遂行的に現実化する。換言すれば、「現れの空間」は沈黙によって隠され、人々の語りと聴取によってそのつど顕在化するのである。上記の「現れ」と「隠れ」の構造は、アーレントの政治哲学の根本をなすものである。

したがって、「現れの空間」は、人々が異質な他者とともに、そのつど政治的に「出生」するという特殊な条件に依拠しており、つねに喪失の危険を孕んでいる。人々が自身の「現れ」の条件を忘却し活動を放棄したとき、あるいは、国家や共同体の強制力によって本来の意味での政治的活動の機会を奪われたとき、「現れの空間」と、それを構成する人々の「政治的生」は隠蔽され、その現実性と顕在性を奪われることになる。

このような意味で、〈対話の場所〉の存在条件は、つねに「現れ」と「隠れ」による儚い性格を持つ現象学的構造に依拠するのである。したがってアーレントは、「現れの空間」と「政治的生」が隠蔽されることにつねに危機感を抱き、警鐘を鳴らしていた。そこで次節以降では、アーレントが危機感を抱いた「現れの空間」と「政治的生」の喪失がもたらす事態とはどのようなものかを確認したい。

第三節　ゾーエーとビオスの混合——「政治的生」の喪失

「政治的生」の喪失の危機について考察するにはまず、アーレントの「政治的生」の意味を分析しなければならない。

アーレントは自身の生概念を分節化して、「生物学的生」(zōē) と「政治的生」(bios) の二つに厳密に区別している。だが、なぜ彼女は、このような生概念の区別をする必要があったのだろうか。この問いに答えるために、本節では、現象学的な「現れ」と「隠れ」という観点からアーレントによるゾーエーとビオスの対比的な区分について確認する。

例えば、『人間の条件』の中では、政治的生を営む人々の象徴的な事例として、古代ローマ人の言葉が引用されている。古代ローマにおいて、政治的生の特徴は「人々の間にあること」(inter homines esse) であり、死は「人々の間にあることをやめること」(inter homines esse desinere) であった (HC, 7)。この場合、「人々の間にある」とは、自由な言論行為から形成される「人間関係の網の目」の中に、新参者として投げ入れられ、自分も網を構成する一員として参入することを意味する。

また、人間が生物として誕生し生存することは、当然のことながら人間存在の重要な条件の一つである。しかし生物としての生は、「私たちが人間であるという点ですべて同一でありながら、誰一人として、過去に生きた他者、現に生きている他者、将来生きるであろう他者と、けっして同一ではない」（HC, 8）という、人間存在の唯一性と複数性を説明することができない。なぜなら、生物としての生とは動物種としての生と同義であり、種の存続にとって各個体は他の個体と代替可能だからである。

それゆえ動物種としての人間は他の個体と代替可能であるが、政治的存在者としての人間は、他のあらゆる人と異なる存在でありながら、同時に同じ人間として他者と世界を共有している。アーレントは複数性によって構成される政治的生を、人間存在に固有の条件であると理解する。ただしアーレントは、人間の本質を説明しているわけでも、人間中心主義的なヒューマニズムを唱えているわけでもない。彼女の主張はあくまでも、生物としての人間の生と、他者とともに生きる異質な存在者としての人間の生を区別し、人間はどちらの生によっても条件づけられているが、後者こそが人間存在に固有の条件であると示す点にある。

アーレントによれば、人間のゾーエーとビオスの特徴は、「労働」（labor）と「活動」の対比であらわされる。「労働」はゾーエーに、「活動」はビオスに対応している。

「労働」は、人間の肉体の生物学的過程に対応する働きである。その目的は、人類（mankind）としての人間の生存であり、そこで働く原理は自然の因果必然性のプロセスである。このプロセスは、労働によって生命過程の中で生み出され、消費される生活の必要物に拘束されている。労働は、人間のゾーエー的生を維持するために必要な働きである。

これに対して、人間のビオス的生を可能にするのは「活動」である。「活動」の目的は、「活動」の継続それ自体である。各人は、ひとつの場所を多様なパースペクティブから共有し、それぞれの観点から自分の意見を他者に向けて発する。この自由な言論行為と、それを可能にする政治的空間を維持することが、活動の目的である。特定の参加者の利害関心は、活動の目的にはならない。むしろ利害関心は、活動の自由を阻害するものであり、距離をとることが求められる。

序論でも触れたように、アーレントの「政治」は、一般的に理解される政治観とは異質である点に、改めて注意すべきである。アーレントは、「人間関係の網の目」の中で行われる言論行為を「政治的行為」と呼ぶが、ここで言われる「政治的」とは、近現代的な意味での政治と同じ意味ではない。通常私たちが「政治的」という言葉で想像するのは、たとえば代議士制にみられるような、各々の利害関心を持ったグループの代表者が集まり、国内外の経済的・社会的問題について議論を交わし、主権的権力によって政治的決定を下していく事態である。この場合、近現代的な意味での政治的決定は、アーレントによれば強制力と排除の構造を持っている。つまり、主権者が自分とは異なる意見を強制力でもって従属させる構造である。

しかしアーレントの「政治的行為」は主権者による強制ではない。彼女によれば、近代的政治観は、近代的な「社会的領域」が古代ギリシャ的な「政治的領域」に侵入し、真に政治的なものが失われてしまったことから生じたものである。彼女は古代ギリシャのポリス国家を理念的なモデルとして使い、独自の政治観を展開していく。

彼女によれば、かつて古代ギリシャでは、労働の原理によって構成された「家政」(oikos, household)の領域と、自由で公開された活動の場であった「ポリス」の領域は区別されていた。前者は私的領域、後者は公的領域と呼ばれる。アーレントは家政の原理を、経済(economy)の原理とも言い換えている。経済の語源である「オイコス」がもともと、「家」を意味するギリシャ語であったためである。

アーレントは、近代の国民国家の成立以降、家政の原理が「政治」の原理となり、私的領域が公的領域と混合し、「社会的領域」として一つになったと論じる。彼女によれば、「家」の存続を目的とする「家政」の領域が、公的領域としての「ポリス」に取って代わるということは、政治的行為を「自己および自己の家族の生存のための手段」とみなすことである。言い換えれば、「政治的行為」を「生存のための必然性」に従属させることである。彼女は、こうした事態を、ゾーエーとビオスの「不気味な混合」と表現する。社会的領域と化した「政治」の中では、「家政」が一つの家の存続を目的としていたように、国家があたかも一つの家族であるかのように、個々の構成員にむけて、全体が生存するという目的のための手段となることを強制するようになる。

このようにゾーエーとビオスの区別が喪われ、二つの生の領域が一つになった結果、政治的生の領域である「現れの空間」の隠蔽と忘却が生じる。その結果、人間の唯一性と差異性があらわになることができる唯一の場が喪われ、人間は種や共同体の部分として、代替可能な物となる。つまり、人間は政治的生を奪われるのである。

このような人間存在にとって重大な危機を回避するために、アーレントはゾーエーの領域とビオスの領域を区別すべきだと主張したのである。それでは、アーレントは二つの領域の区別を主張することによって、どのような方向性を見出そうとしたのだろうか。それが次の課題である。

第四節　同化と全体主義の暴力的構造

ここでは、「現れの空間」と政治的生の喪失がもたらす危機的状況について、「リアリティ」の喪失という観点から明らかにしたい。

アーレントは、自身の現象学的政治哲学の論述展開の中で、特殊な意味でrealityという語を用いている。英語で書かれた『人間の条件』ではrealityという語が使われているために、この語の多義的な意味が見逃されやすいが、そのドイツ語版である『活動的生』では、文脈に応じてWirklichkeit（現実）とRealität（実在）の二つに訳し分けられている。アーレントの「リアリティ」は、この二つの意味を含みこんだ概念である。すなわち、政治的な実在とは、今・ここで他者に向けて存在を暴露している動的な状態を意味するのである。

したがってアーレントの政治哲学の中で、「リアリティ」とは、たんに事物（res）がそこに客体として実在するということを意味するのではない。「リアリティ」はきわめて人間的な事象である。「リアリティ」とは、人間の相互的な対話から構成される「人間存在の網の目」という関係性の中で、相互に見られ、意見を聴かれることによって立ち現れる現象である。つまり、「現れの空間」を他者と共有するとき、「リアリティ」がそのつど生まれるのである。

アーレントは『人間の条件』の中で、人間存在とポリスのリアリティについて次のように述べている。

公的領域のリアリティ（reality, Wirklichkeit）は〔中略〕無数の遠近法と側面が同時に現前することに依拠している。なぜなら、このような無数の遠近法と側面の中にこそ、共通世界がおのずとその姿を現すからである。〔中略〕共通世界の条件のもとでリアリティ（reality, Realität）を保証するのは、世界を構成する人々すべての「共通の本性」ではなく、むしろなによりもまず、立場の相違やそれに伴う多様な遠近法の相違にもかかわらず、みながいつも同じ対象に係わっているという事実である。〔中略〕共通世界の終わりは、それがただ一つの側面のもとで見られ、たった一つの遠近法において現れるとき、やってくるのである。（HC, 57–58; VA, 72–73）(7)

またアーレントは、同じ『人間の条件』の中で、リアリティと「現れの空間」との関係について、それらが奪われ喪失した場合についても論じている。

他人の眼に現れ、他人が私の眼に現れる空間はつねに実在するとは限らない。〔中略〕ほとんどの人はこの空間に住んでいない。その上、この空間に永久に住むこともできない。ところが、この空間を奪われることは、リアリティを奪われることに等しい。このリアリティとは、人間的かつ政治的に言えば、現れ（appearance）と同一である。（HC, 198–199; VA, 250–251）

この二つの引用文は、次のことを意味する。第一に、「現れの空間」は多様な人々の遠近法の間でおのずからあらわになる、多元的共通空間である。第二に、この「現れの空間」を現実存在させるのは、複数の人々が、異なる意見を見聴きすることで、互いの姿を暴露する活動である。第三に、「現れの空間」は、人々の間にそのつど立ち現れる偶然的に生じる空間である。第四に、「現れの空間」の喪失は、「たったひとつの遠近法」しかなくなったとき、つまり多様な遠近法を喪失したときに起こる事態である。第五に、「現れの空間」のリアリティの喪失は、空間を共に構成している人々のリアリティの喪失と同義である。

上記の二つの引用文のうち、前者は「現れの空間」のリアリティが複数の人々のパースペクティブによって構成されることを論じており、後者は「現れの空間」のリアリティとそこに現れる人々のリアリティが相互連関することを述べているのである。また、ポリスは、その場に複数の人々がいるとき潜在的であるが、誰かが自分の意見を語り始めることによって、語りと聴取の関係として顕在化する。さらに、「自分の意見を語る」とは、他者との間に立ち現れることを意味するのであるから、ある空間の始まりは、その空間を構成する人々の「現れ」の始まりと同時である。このことから、アーレントは「空間のリアリティ」と「空間を構成する人々のリアリティ」を同義だと表現しているのでである。他者と同じ世界を共有している感覚は「現実感覚」（sense of reality）あるいは「現実についての感受性」（feeling for reality）（HC, 51）と呼ばれる。筆者のみるところ、この「現実感覚」は、「世界を共有する感覚」としての「共通感覚」（common sense）（HC, 208）を意味している。(8)

アーレントにとって現実存在（reality）は、現に活動していること（activity）であり、可能態が現実態として現れているという意味での顕在性と同義である。現実性の喪失とは、対話によって構成される他者との関係性が断たれることで、それぞれの対話者の意見が見えなくなること、つまり隠されることを意味する。

ポリスにおける意見の隠蔽は、たんなる議論のディスコミュニケーションを意味するのではない。ある意見の隠蔽とは、その意見を語る人が「誰であるのか」（who）の隠蔽である。アーレントの政治哲学の立場から言えば、政治的意見の隠蔽は、語り手の存在が現れることを隠蔽するものである。(9)

この隠蔽は、先に述べたゾーエーとビオスの混合によって、個々人が画一的な共同体の部分になることを強制され、自由な語りと聴取の空間が喪失することで起こる。ゾーエーとビオスの混合は、政治的生の領域を隠すものであり、人間存在のリアリティの喪失という、存在論的な危機的状況をもたらすのである。(10)

では、この「現れの空間」のリアリティが奪われると、どういう事態が起こるのであろうか。

アーレントは『ラーエル・ファルンハーゲン』の中で、マジョリティによるマイノリティの同化が、多様な政治的空間からあらわになる「真実のリアリティ」（RV, 210）を隠蔽し、人間の唯一性を奪う事態に光を当てている。同属だけが集まる場は、たとえそこで言葉が交わされていたとしても、互いが「いかに異なっているのか」に気づくことはできない。すなわち、同化を強制されない自由な対話によってのみ、互いが代替不可能な唯一の存在者であることを明らかにすることができるのである。(11)

また、『全体主義の起源』でも示されているように、全体主義の中では、個々の人間が共同体の生存という目的のための手段となり、代替可能な部品となるため、個々人の唯一性と差異性が隠蔽される。全体主義の中では、人間の唯一性と差異性は「余分なもの」(superfluous)として排除され、人々は共同体への同化を強制される(OT, 296)。なぜなら、共同体の生存のためには、各々の構成員があたかも一つの「血族共同体」(OT, 376)であるかのように行動することが求められるので、そのとき個々人の差異は無用となるからである。前節で述べた「ゾーエーとビオスの不気味な混合」とは、具体的にはこうした事態を意味している。

したがって同化の論理に従属した場合、人々はみな同じ意見を言い、同じ判断を下すことになる。しかし実際には、人々はそれぞれ異なる歴史、異なる場所、異なる人間関係の中で生きているので、まったく同じ人間であることはありえない。だからこそ、現実に意見の相違や相互理解の困難さの問題が生じるのである。しかし同化の論理は、個々人の意見の差異を隠蔽し、人々が他者と異なる形で世界に現れることを不可能にしてしまう。その結果、人々は、自分が自分として生きていないかのような不安や、世界の中で自分の居場所を持たないことへの不安や、自分が対象化された「物」であるかのような不安を感じることになる。このような危機的事態について、アーレントは以下のように述べている。

〈語られたこと〉の重要性の喪失とそれによるリアリティの喪失は、ある意味で言葉の喪失を含んでいる——ただし肉体的な意味ではなく、アリストテレスが人間を言葉を使うことのできる動物だと定義したような意味でである。〔中略〕そしてこの言葉の喪失に続くのは公的に確保された人間関係一般の喪失、つまり政治的存在たり得る能力（これをどのように解するにせよ）の喪失であって、この能力もまたアリストテレス以来およそ人間であることの徴とされてきたものだった。

(OT, 297; EUT, 615)

上記の引用が示すように、同化の強制力によって自由な意見の発語を禁じられることとは、「現れの空間」を奪われることに等しい。それはすなわち、人間の複数性と政治的生のリアリティが現れうる唯一の場所を喪失することとである。

アーレントによれば、自分の存在の確かな根拠をなくした人間は、自分の存在の安定を求めて、なにかの目的の手段となってでも自分の場所を持とうとする。その結果、自分の意見と判断を共同体に同化させることを欲し、結果としてますます自分の唯一性を不安定にさせる、という悪循環に陥るのである。このことを、アーレントは次のように表現する。

〔全体主義的な〕二分法とは、自分たちの運動とその外部世界全体とを截然と分かつ二分法であり、それは既成のもの一切をそのさまざまなニュアンスや相違を無視してまるごと憎む大衆の盲目的な憎悪に立脚している。「仲間に入っていない者はすべて排除される」とか、「私を支持しない者はすべて私の敵だ」とかいう原則の上に建てられた組織は、現実の世界の中には居場所を持たずそれゆえに方向を見失っている大衆にとっては混乱と苦痛の源でしかないあの現実世界の多様性を消し去ってくれる。「われわれ」とその他一切の人間を分ける二分法は、秘密結社の会員に彼らが与っている秘密自体が呼び覚ますのと同じ無限の忠誠心を、この大衆の心にかき立てる。いかなる全体主義運動も、運動の外では一切の現実が「死滅する」と主張するが、この主張は全体的支配の殺人的条件が整った暁にはきわめて徹底的に実現される。権力掌握前の段階では、自分たちの咎ではない方向喪失と崩壊に耐えかねて運動の仮構の住処に逃れた大衆にとって、この主張ほど分かりやすい慰めと希望を与えてくれるものは他にはないのである。（OT, 380; EUT, 799）

ここで言われているのは、自己のアイデンティティや頼るべき行為の規範を失った人々が、「われわれ」と「それ以外」という全体主義的二分法に依拠して、自身を「われわれ」の側に置き「それ以外」のものを現実から排除することで、自己の確実性と安定性を保とうとする事態である。しかし、画一的共同体の中では、ますます自己の唯一性を喪失することになり、結局のところ「手すりがない」という虚無的な不安はけっしてなくなることがない。この事態を筆者は、相対主義がニヒリズムを生み、ニヒリズムが相対主義を生む、全体主義の構造であると解釈する。「現れの空間」と政治的生に関するアーレントの議論は、今なお拡大しているニヒリズムに対して、人間的な生のリアリティをそのつど顕在化させることの必要性を示したものである。「他者と共に語り始める」という活動を、そのつど新しく創始することで、「現れの空間」の忘却と隠蔽から人間存在のリアリティを救済することが可能になるのである。

第五節　「政治的生」の空間はいかにして出現しうるか

本章の結論として、次のことが明らかになった。第一に、アーレントにとって自由で平等な語りと聴取をそのつど開始することは、〈対話の場〉である「人間関係の網の目」と、「網の目」を構成する人々の実存を相互的に現実化・顕在化させる。言い換えれば、語りと聴取の創始は、「現れの空間」と人間存在の現れに、同時にリアリティをもたらすのである。第二に、「現れの空間」の隠蔽は、人間存在の唯一性と差異性が隠蔽され、人間存在の現実性が奪われるという危機的な事態を引き起こすことになる。したがって第三に、人々の間で互いの存在をあらわにする言語行為を開始することは、「政治的生」と、人々の生きる場である「現れの空間」のリアリティを同時に救済する行為なのである。

前節で述べたように、「現れの空間」は多様な人々の遠近法の間で立ち現れてくる空間である。だがこの空間は、人々の間で結ばれる関係性が消失したときにたやすく失われてしまう、非常に不安定で儚い空間である。

では、異質な人々の関係性はいかにして生起しうるだろうか。筆者の解釈では、「共通感覚」と「世界への愛」が、そのために不可欠の役割を有している。後述するように、「共通感覚」は異質な人々が互いに関心を向け、共通の事柄に関係することを可能にする能力であり、「世界への愛」は、異質な他者への尊敬の感情であり、新しい対話を始めることを促す働きである。したがって、この「共通感覚」と「世界への愛」の相互作用によって、はじめて対話の関係性の生起が可能となるのである。

次章以降では、この「共通感覚」と「世界への愛」について詳細な分析を行う。まず第二章では、「共通感覚」と「世界への愛」が、構想力と自発性の働きによって、現象学的な「現れの空間」を現実化・顕在化させる構造を詳細に分析する。さらに、第三章では「共通感覚」の現象学的意味について検討し、第四章では「世界への愛」の現象学的意味を明らかにすることになるだろう。

注

（1）ここで、アーレントの政治哲学が現象学史の中で占める位置について簡単に整理しておきたい。そもそも「現象学」とはいかなるものであろうか。この問いに対して、現象学者の木田元は、まず「現象学」という場合、フッサールの現象学そのものと、彼を起点として生じた「現象学的運動」を区別する必要があると述べる（木田元『現象学』岩波書店、一九七〇年、七頁）。さらに木田は現象学の概念史について、次のように整理を行っている（同書、一〇―一四頁）。「現象学」（phenomenology, Phänomenologie）とは、古代ギリシャのパイノメノン（現われ）とロゴス（論理）を組み合わせた造語である。この言葉が初めて使用されたのは、一七世紀末から一八世紀の自然科学の分野であったと言われている。哲学史上では、ヴォルフ学派のランベルトが仮象の理論を「現象学」と名付けたのが始まりとされている。その後、カントが形而上学への予備学としての「一般現象学」を『純粋理性批判』で展開し、ヘーゲルは『精神現象学』の中で意識が絶対知として現れ出ていく、自己現出の運動のロゴスの理論を提示していく。ただし、木田の指摘するように、フッサールの現象学はヘーゲルの『精神現象学』をはじめとするドイツ観念論と直接的な関係はないということに注意すべきである。フッサールの現象学は、彼の師であるブレンターノによる、内的経験の構造を記述する「記述心理学」に大きな影響を受けている。さらに木田は、フッサールの現象学の傾向を二つに区別する。第一に「超越論的現象学」であり、第二に「生活世界の現象学」である。前者は主に『イデーン』第一巻までの中期フッサール思想であり、後者は『イデーン』第二巻以後の後期フッサール思想に属する。木田説によれば、前者は現象学的還元によって世界を「括弧に入れる」ことで純粋な意識経験へ向かっていくものであり、後者はいったん「括弧に入れた」世界を、与えられたままの事実として解釈することで、世界への還帰を試みるものである。世界定立とはいっさいの知的活動に先立つ「世界の事実的存在の開示」である。言い換えれば「世界経験」である。筆者の解釈では、アーレントの現象学は、木田の区分のうち、後者の「生活世界」の現象学の流れの中にある。ハイデガーの「世界内存在」に学んだ彼女は、そこから独自の政治哲学である「複数性の現象学」を展開させていったのである。

なお、現象学の概念史の一層詳細な説明については、次の文献を参照。Vgl. *Historisches Wörterbuch der Philosophie*, Bd. 7. S. 486–516, Herausgegeben von Joachim Ritter und Karlfried Gründer, Schwabe & Co. Basel 1989. 木田元とともに現代における日本の現象学研究の発展に寄与した新田義弘もまた、現象学および解釈学に関する優れた研究（新田義弘『現代哲学――現象学と解釈学』白菁社、一九九七年）を行っているが、木田も新田もアーレントの現象学的位置づけについては考察していない。日本の哲学研究におけるアーレントの現象学的解釈の不十分性は、今日に至るまで大きな課題である。

（2）伝統的なアリストテレス解釈については、下記の諸文献を参照のこと。Geoffrey E.R. Lloyd, *Aristotle: The Growth and Structure of his Thought.* Cambridge University Press. 1968.（『アリストテレス――その思想の成長と構造』川田殖訳、みすず書房、一九七三年）松田禎二『アリストテレスの哲学』行路社、一九八七年。桑子敏雄『エネルゲイア――アリストテレス哲学の創成』東京大学出版会、一九九三年。たとえばロイドは、アリストテレスの可能態と現実態の概念を次のように整理している（Lloyd, 1968, pp. 63–67, pp. 291–292）。木の種子は、それ自体はまだ芽吹いていないが、木へと成長する可能性（potentiality 可能性、潜在性、能力）を、自らのうちにもっている。あるいは大理石の塊は、職人の手によって形を与えられ彫像になる可能性を有している。このとき素材（ヒューレー）と形相（エイドス）の関係は、可能態（デュナミス）と現実態（エネルゲイア）とされる。デュナミス（dunamis）は、「可能である」という意味の動詞 dunasthai の名詞形であり、「力・能力」を意味する。また、英語の dynamic（活動的、力学的）の語源でもある。エネルゲイア（energeia）は「働く、活動する」という意味の動詞 energein の名詞形であり、「働き・現実に活動していること」を意味する。松田禎二は次のように指摘する。デュナミスがエネルゲイアの状態に転化していないときは、けっして「無能力」なのではなく、能力が潜在の状態にあるとみるべきである。たとえば建築家は、建築をしていないときは建築家として活動していないが、しかし潜在的に建築する能力をもっているのである。デュナミスからエネルゲイアに転化したものは、最終的に完全現実態（エンテレケイア）に到達する。エンテレケイアは第一の目的であり、ergon（働き・機能）ではなくtelos（目的、終局）に由来する。エネルゲイアが活動としての現実態を意味するとすれば、エンテレケイアは完成としての現実態を意味するのである。アリストテレスにおいて、運動の究極の根源は目的因として他を動かしながら自らは動くことのない「不動の動者」である（松田、一九八七年、一四三―一四七頁）。

（3） リクールは仏語版『人間の条件』（Hannah Arendt, *Condition de l'homme moderne*, traduit de l'anglais par Georges Fradier ; préface de Paul Ricœur, Calmann-Lévy, 1983）へ寄せた序文や、他のいくつかの小論の中で、アーレントの政治的諸概念の現象学的特徴を解説している。Cf. Paul Ricœur, *Lectures 1 : Autour du politique*, Seuil, 1991.（『レクチュール――政治的なものをめぐって』合田正人訳、みすず書房、二〇〇九年）

（4） Ibid., p. 58.

（5） Ibid., pp. 33–34.

（6） Ibid., p. 28.

（7） 筆者のみるところ、このようなアーレントの「現れの空間」は、メルロ＝ポンティによる相互主観性（intersubjectivité）の議論と驚くほどに親和性がある。木田によれば、メルロ＝ポンティは後期フッサールの「生活世界の現象学」を引き継いでおり、世界に投げ込まれている所与の事実を知ることが現象学であると理解している。以下、メルロ＝ポンティの相互主観性について要約した木田の文章を引用する。「さまざまなパースペクティヴが切り合わされ、さまざまな知覚が相互に確認し合って、そこに一つの意味が立ちあらわれてくる。〔中略〕この意味は決して、絶対精神とでもいうべき主観が与件のうちに読みこむものでもなければ、実在する世界がそれ自身でもっているものでもないのである。現象学的反省に開かれる顕在的な統一をもった世界にしても、結局は、わたしの諸経験の交点に、またわたしの経験と他者の経験の交点に、それら諸経験のからみあいを通して透けて見える意味なのであり、したがって主観性や相互主観性と切り離されえぬものである」（木田元『現象学』、一三三頁）。木田によれば、メルロ＝ポンティの現象学は、「「世界や歴史の意味をその生誕の状態において捉える」ために、不断に自己の端緒に還ろうとする努力だった」のであり、「われわれの世界経験によって現に生きられているこの世界」へ立ち戻ることであった（同書、一三四頁）。

とはいえ、メルロ＝ポンティにとって「生きられている世界」とは、もっとも原初的な知覚によって与えられる身体性の世界であり、人々の対話によって立ち現れているアーレントとはこの点で大きな相違がある。では、アーレント哲学の文脈の中で「生きられた世界」とはなんであろうか。筆者のみるところ、アーレントもまた、フッサール、ハイデガー、メルロ＝ポンティらと同じく、与えられた世界の事実から出発する。筆者は、アーレントにとって世界の事実とは、『人間の条件』で「複数性の事実」と表現されていたものと同じであると解釈する。すなわち、自分とは異なる意見をもった複数の他者の間に投げ込まれている、という事実である。ボレンも指摘するように、アーレントの言う政治的世界は、複数の人々の間から生起する意味の総体である。世界の意味は、けっして自己によってのみ作られるわけではなく、また他者によってのみ与えられるものでもなく、自己と他者の間で立ち現れてくる複数的現象である。世界の意味の問題については、第三章で詳述する。また、メルロ＝ポンティとアーレントの詳細な比較研究は本書の主題の範囲を超えるため、ここではその可能性を示唆するにとどめ、今後の課題とする。

（8） アーレントはカントの『判断力批判』における美感的共通感覚を自身の政治哲学の中に取り入れ、政治的共通感覚として読み換えを行っている。政治的共通感覚は、「世界を共有する感覚」だと解釈することができる。詳細は本書の第四章および下記の文献を参照。K. Curtis, *Our sense of the real – aesthetic expe-*

rience and Arendtian politics, Ithaca 1999. K. Vandeputte and I. Devisch, "Responsibility and Spatiality: Or can Jean-Luc Nancy Sit on a Bench in Hannah Arendt's Public Space?," *LUMINA*, vol. 22, no. 2, 2011. M. Borren, 'A Sense of the World': Hannah Arendt's Hermeneutic Phenomenology of Common Sense, *International Journal of Philosophical Studies*, vol. 21, no. 2, 2013, pp. 225–255.

(9) アーレントは『全体主義の起源』の中で、暴力的強制力に支配されることなく自分の「意見」を言うことができる「場所」の重要性を、次のように論じている。「人権の喪失が起こるのは通常人権として数えられる権利のどれかを失ったときではなく、人間世界における足場を失ったときのみである。この足場によってのみ人間はそもそも諸権利を持ち得るのであり、この足場こそ人間の意見が重みを持ち、その行為が意味を持つための条件をなしている」(OT, 296; EUT, 613)。ここで言われる「人権」とは、「諸権利を持つ権利」であり、「人間がその行為と意見に基づいて人から判断されるという関係の成り立つシステムの中で生きる権利」である(OT, 296; EUT, 614)。

(10) アーレントによるビオスとゾーエーの区別は、フーコーによる「生政治」への批判や、アガンベンの「剝き出しの生」概念にも多大な影響をもたらしている。詳細は第五章および下記の文献を参照。押山詩緒里「アーレントにおける「赦し」と「裁き」——クリステヴァによる解釈を超えて」『現象学年報』第32号、二〇一六年。

(11) 詳細は下記を参照。押山詩緒里「著作解題2『ラーエル・ファルンハーゲン』」『アーレント読本』日本アーレント研究会編、法政大学出版局、二〇二〇年、三四〇頁。

第二章 「政治」の起源への探求

第一節 政治的自由の二重の意味——「構想力の自由」と「自発性」

前章で述べたように、「現れの空間」の喪失は、人間の異質で多様な現実存在があらわになる可能性の喪失を意味する。この深刻な存在論的危機に対して、どのように考えるべきだろうか。こうした疑問に対してアーレントは、「他者との自由な対話を再び始めること」が、「政治的生」と「現れの空間」のリアリティを救済できると主張する。

では、いかにして人は新しい行為を自由に始めることができるのだろうか。また、なぜ異質な他者と共に語り合うことが可能になるのだろうか。

これらの疑問に答えるためには、「共通感覚」と「世界への愛」という二つの働きの解明が必要となる。なぜなら、政治的意味での「共通感覚」と「世界への愛」の働きこそが、「政治的生」を始める行為である「活動」を可能にするからである。

後述するように、「共通感覚」は他者と世界を共有することを可能にする働きであり、「政治的生」が現象する場所である「人間関係の網の目」を構成可能にする。また、「世界への愛」は、自分とは異質な他者への尊敬の感情であり、他者とともに世界に現前することを促すのである。

本章では、この「共通感覚」と「世界への愛」の働きを理解するために、アーレントの「政治的自由」の概念に着目する。なぜなら、「政治的自由」は、この「共通感覚」と「世界への愛」という二つの働きに依拠しており、「政治的生」が現れる場所である「現れの空間」を生み出すからである。

アーレントは『政治とは何か』の中で、「そもそも政治にはなお意味があるのか」という問いを提起し「政治の意味は自由である」と自らの問いに答えている（WP, 28）。ただしアーレントのこの言明に対して、政治の目的が自由であるとか、政治の本質が自由であるといった意味に解釈してはならない。そうではなく、アーレントにとって「政治的であること」と「自由であること」は同義だと理解するべきである。したがってアーレントの政治的自由は、キリスト教的自由概念や、功利主義的政治哲学における「〜からの自由」としての自由概念や、カントの狭義の実践哲学における定言命法に従う自由すなわち自律としての自由とはまったく異なるものである。政治的自由は、あくまでも古代ギリシャに起源をもつ、他者とともに対等に意見を交わし合う自由を意味している。

アーレントの「自由」は、二つの意味を持っている。第一の自由は、「現れの空間」としての世界の中で、異質な他者とともに「意見」を交わし語り合う自由である。第二の自由は、世界の中で言論行為を新たに始める自由である。

アーレントはこの二つの「自由」概念を、カントから取り入れた上で、自らの政治哲学の中で読み換えを行っている。第一の自由は、『判断力批判』[1]における「構想力の自由」(die Freiheit der Einbildungskraft)[2]、すなわち「あらゆる他者の立場に立って考える」という「視野の広い考え方」(erweiterte Denkungsart) から生じている。第二の自由は、『純粋理性批判』弁証論における「絶対的自発性」(die absolute Spontaneität)、すなわち、過去の行為の結果から生じた因果系列を終わらせ、新たな行為を生み出す自由から生じている。

ただし、アーレントはあくまでも独自の現象学的政治哲学のためにカントの諸概念を援用しているのであり、アーレントの「構想力の自由」と「自発性」は、カントの「構想力の自由」と「絶対的自発性」と同一ではない点に注意すべきである。カントにとって、「構想力の自由」は、あくまで純粋な美感的判断における「戯れる構想力の自由」(V230) を意味する。また、カントにとって「絶対的自発性」は、自然と自由の二律背反を解決するために求められた概念である。アーレントは、カントの諸概念を手引きとして、「異質な他者と行為する政治的自由」という自らの概念を生み出したのである。この二つの自由概念は、アーレントの政治哲学の根幹を支えていると筆者は考える。なぜなら、アーレントの「現れの空間」としての世界は、上記の二つの自由の働きによって、はじめて人々の間に現出することが可能となるからである。

そこで本章は、次の順序で上記の課題に取り組む。第一に、アーレントの「政治的自由」の概念を分析することで、政治的自由が「構想力の自由」と「自発性」という二重の意味をもつことを明らかにする。第二に、アーレントによるカントの『判断力批判』第一部の美感的反省的判断力にかんする論述の解釈を手がかりとして、「構想力の自由」が、「他者と世界を共有する感覚」としての共通感覚によって可能となることを明らかにする。第三に、「自発性」が、他者とともに構成される世界へ新たに参入することを促す「勇気」であり、「世界への愛」の働きから生じることを解明する。

第二節 「構想力の自由」と政治的共通感覚

本節および次節では、アーレントの「構想力の自由」と「自発性」の意味を明らかにするために、アーレントのカント解釈の妥当性を詳細に検討したい。(3)

まず本節では、「構想力の自由」に関する分析を行う。カントにとって構想力とはどのような意味を持つ概念なのか。さらに、構想力の自由によって描出される「共同体的感覚としての共通感覚」とはいかなるものであるのか。また、アーレントはそれをどのように自身の政治哲学の中に取り入れたのだろうか。

アーレントは、政治的判断力および倫理的判断力の自由を、純粋実践理性の自由として把握するのではなく、『判断力批判』第一部における「構想力の自由」として読み換えた。では、この「構想力の自由」とはどのような自由であろうか。

まず、カントの「構想力」とは、アーレントによれば、「現存しないものを現前させる能力、すなわち表象［再－現前作用］（re-presentation）の能力」（LKPP, 79）である。この能力は、経験の中で偶然的に与えられた客観的対象を、私の主観の中に表象として内面化する（LKPP, 66–67）。このことは、美感的反省的判断力が「あらゆる関心から自由」な判断力であることと深く結びついている。というのも、判断者は、対象のイメージを思い浮かべることによって、対象と現実に対面していなくとも判断を下すことができるようになり、対象の現存・非現存についての「利害関心」（Interesse）に左右されなくなるからである。(4) こうした「利害関心のなさ」が、美感的判断を感官や客観的規則の制約から自由にするのであり、判断に公平性をもたらすことになる。

カントの場合であれば、このような構想力は美感的判断の文脈においてのみ語られる。しかしアーレントは、構想力の範囲を政治的文脈にまで拡大する。アーレントは「あらゆる関心から自由であること」を、実際の政治行為に付随する利害関心、具体的には、ある行為が自己や自己の属する共同体にとって有用であるか否かへの関心から自由であることとして読み換えていく。構想力を公的空間の中で「没利害的」（ohne Interesse）に用いることが、構想力を自由に用いることの意味内容である（LKPP, 66–67）。

「構想力の自由」によって、他者の視点を自らの内に想像し、他者の意見と自分の意見を比較吟味することが可能になる。この批判的思考を、アーレントは「精神の拡張」(5) と呼んでいる。では、「精神の拡張」とはいかなるものか。彼女は次のように述べている。

「精神の拡張」(enlargement of the mind) は、『判断力批判』において決定的役割を演じる。それは「自分の判断を、他者の現実の判断よりはむしろ可能的な判断と比較し、自分自身を他のすべての人の位置に置くこと」(V294) によって達成される。これを可能にする能力は構想力と呼ばれる。〔中略〕批判的思考は、すべての他者の立場が検査に対して開かれている場合にのみ、可能である。したがって批判的思考は、他方では依然として孤独な営為でありながら、自分を「すべての他者」から遮断しはしないのである。たしかにそれはずっと孤独のうちで進むが、しかし構想力の力によって、それは他者を現前せしめ、そうすることで可能的に公共的でありすべての面へ開かれている空間の中へ入る。換言すれば、批判的思考はカントの世界市民の立場を採用している。拡張された精神をもって思考することとは、自分の構想力を訪問に出かけるよう訓練することを意味する。(『永遠平和のために』の中の訪問権と比較せよ)

(LKPP, 42-43)

ここでは、構想力が自由にあらゆる他者の立場を自らの心に現前させることによって、公共的に開かれた空間の中に入る能力とされている点に注目すべきである。すなわち、構想力の自由は、アーレントのいう意味での「政治的な場」の中に入るために不可欠な能力とされているのである。「精神の拡張」とは、言い換えれば、「他のすべての人の立場に立って考え」、他の人々の判断を考慮に入れて判断を行うことである。この判断は、客観的・一般的な法則に従属するものでもなければ、経験的な他者の総意に自己の判断基準を委ねるものではない。あくまで、異質で多様な他者の視点を考慮に入れた自分自身の判断、すなわち複数的かつ自律的な判断なのである。アーレントはこのことを、以下の具体例を挙げて説明している。

わたしがスラム街のある建物を見ているとしましょう。わたしはこの特定の建物のうちに貧困と悲惨という一般的な観念を思い浮かべますが、こうした観念は直接に現れるわけではありません。わたしがこの観念にたどりつくのは、わたしがそこに住んだらどんな感じがするかを思い浮かべようとするとき、すなわちスラム街の建物に住む人の気持ちになって考えたときなのです。

わたしの判断は、スラム街の住人の判断と、必ずしも一致するとはかぎりません。……しかしこの判断は、わたしがこの問題についてこれから判断するための優れた手本〔範例 example〕となるでしょう。またわたしは判断を下すときに他人を考慮にいれますが、それはわたしの判断を他人の判断にあわせようとすることを意味しません。わたしはどこまでもわたしの声で語るのですし、自分で正しいと考えることを発言するのに、多数者の意見を考慮したりはしません。それでもこの判断は、自分だけを考慮して判断を下すという意味での主観的な判断ではなくなっているのです。

（RJ, 140–141. 傍点と〔 〕内は引用者による）

この引用が示すように、「精神の拡張」とはあくまでも他者の立場を考慮に入れた上で行われる、自分自身の特殊な判断である。したがって「すべての他者の心中で実際に起こっていることを知りうるような、そうした法外な感情移入」（LKPP, 43）ではない。そのような感情移入は、自己の表象と他者の実在を混同することであり、自己の勝手なイメージを他者に押しつけることになる。つまり「法外な感情移入」は、他者の立場を考慮しているようで、実際は他者自身を排除しているのである。

さらに「精神の拡張」は、様々な立場の利害関心を多数決の原理に基づいて調整することとも区別される。なぜなら多数決の原理は、多数の側の利害関心を全体の意見として採用することで、マイノリティに多数派への同化を強制する原理だからである。しかしだからといって、「精神の拡張」は、少数派の利害関心を無批判に優先することも意味しない。というのも、ある特定の集団の利害関心をただ採用することは、各々の判断者から判断の自由と公平性を奪うことであり、「あらゆる利害関心から自由であること」に反するからである。この見解を裏付けるように、アーレントは「他者の立場に立つために構想力をはたらかせる唯一の条件は、利害関心のなさつまり自分自身の私的利害関心から解放されていることである」（BPF, 237）と述べている。

上述の「構想力の自由」によって、判断者は「公平」な「注視者」[6]の視点を得ることができる。すなわち、多様な他者の立場を自己の心に現前させることによって、自己の立場（part）から偏った（partial）判断を下すのではなく多面的な見方から公平な（impartial）判断を下すことができるのである。つまり、構想力によって他者の立場を再現前することで、エゴイズムから脱却しうる可能性が開かれるのである。

以上の考察から筆者は、アーレントの狙いは「構想力の自由」を政治的判断力の自由と読み換えることにある、と解釈する。この解釈を踏まえて、アーレントの「政治的空間」における「構想力の自由」の働きを明らかにしなければならない。「構想力の自由」は、いかにして「現れの空間」を現出させるのだろうか。

アーレントはこの問いについて、次のように論じている。「構想力の自由」によって開かれた公的空間の中では、多様な人々が互いに「見られ」「聴かれる」関係にある。詳細な議論は第三章で行うが、構想力によって「精神の拡張」が行われることではじめて他者の意見に耳を傾ける態度をとることが可能になる。他者の語りに相互に耳を傾ける態度こそが、他者との相互的言語行為の間で互いの実存をあらわにする「現れの空間」を顕在化させる条件である。

こうした「構想力の自由」は、「共同体的感覚としての共通感覚[7]」の働きと深く結びついている。以下の考察では、カントのいう「共通感覚」とはどのようなものであったか、またアーレントがカントの共通感覚の理念をどのように解釈したかを明らかにする。

カントは、『判断力批判』第四〇節の中で、共通感覚を次のように説明している。

共通感覚（sensus communis）はある共通の〔共同体的〕感覚（gemeinschaftlicher Sinn）の理念、すなわち次のような判定能力の理念と理解されなければならない。この判定能力は、自己の反省のうちで

他のあらゆるひとの表象の仕方を思想のうちで（アプリオリに）顧慮する。（V293）

さらにカントは、自己の趣味判断に他者の同意をあえて要求すること（Ansinnen）[8]は、共通感覚（Gemeinsinn）によって条件づけられていると論じている。ここで言われる共通感覚は、「常識」とは区別されなければならない。というのも、常識は「世間や慣習では何がよいとされているか」という客観的諸概念を意味するものであり、常識に従って下される判断は、他律的な判断となるからである。

カントのいう共通感覚とは、構想力と悟性の「自由な戯れから生じる結果」として理解される（V238）。共通感覚は、個人の美感的感情が、他の人々に伝達されうることの条件である。趣味の判断は間主観的なものであり、自己の美的判定に他者が賛同することをあえて要求するのであるから、美感的判断の普遍的伝達可能性は、趣味判断がそもそもなされうるために必要な前提条件である。したがって、「こうした共通感覚という前提のもとでのみ、趣味判断は下されることができる」のである（Ibid.）。

要するに、共通感覚は客観的概念として予め与えられているのではなく、私の自由な趣味判断と他者の自由な趣味判断が偶然的に一致したときに、はじめて認識されることができる。だが、このとき、「共通感覚は根拠をもって前提とされうるか」という疑問が生じる。というのも、共通感覚は論理的で客観的な原理ではなく、「我々に共通する美感的感覚があるべきである」とあえて要求し、「未規定な規範」として想定することしかできない、曖昧な原理だからである（V239）。

とはいえ、趣味判断に普遍的で客観的な規則が存在し、それを有限な存在者である人間が認識できると考えることは、カントの言葉を借りれば「理性の越権」である。つまり理論的判断と趣味判断を混同する誤謬を犯すことである。筆者の見解では、カントの共通感覚の理念が曖昧で不適当である、というよりも、カントが『判断力批判』で取り組んだ「趣味」という問題そのものが、客観的普遍妥当性のある判断を拒む性質のものであり、したがって、その判断基準も偶然性と特殊性を含んだものにならざるをえない、と表現するほうが適切である。

自己の趣味と他者の趣味は同一ではなく、他者の思考や感覚を直接体験することも不可能であるが、言葉を通じて他者と意見の一致に到った、と実感することは、しばしばありうることである。現実に合意に至ることができるか否かは偶然性に依拠しているが、それでも人間は互いに共感を求めて議論をしようとする。カントの場合、ある趣味判断の背後には共感を可能にする超越論的理念としての共通感覚が前提されている。共通感覚とは仮説的な理念であり、実際に異なる人々が共感に至ったときに、はじめてそこに共通感覚が働いていたことが反省的にあらわになるのである。(9)

以上のカントの共通感覚を、アーレントは次のような形で、自身の政治哲学の中に取り入れていく。共通感覚とは、「わたしたちが他人とともに共同体のうちで生活できるようにする感覚」(RJ, 139) であり、「共同体の一員としてわたしたちが自分の五感を使って他者と意志の伝達が行えるようにするもの」(Ibid.) である。ここで注意すべきなのは、アーレントのいう趣味の共通感覚とは、「すべての人間に共通した感覚 (a sense common to all of us)」ではないということである。すなわち、判断の画一性を感性的に基礎づけるものでもなければ、特定の共同体の多数意見を反映したものでもないということである。共通感覚とは、共通の事柄について複数の人々が対話を行う可能性の条件であり、世界の中で他者とともに生きる条件なのである。

さらに、共通感覚の起源についても、アーレントは興味深いことを述べている。

> わたしが判断を下すときに利用する共通感覚は、一般的な感覚です。そして「ある人が自分の五感を使って対象について省察するのであれば、その人はどうやって共通感覚にしたがって判断できるだろうか」という問いにたいしては、カントは人々の共同体が共通感覚（a common sense）を作りだすのだと答えるでしょう。思想がわたし自身との交わりから生まれるのと同じように、共通感覚の妥当性は、人々との交わりのうちから生まれます。（Ibid. 傍点は引用者による[10]）

ここでアーレントは、共通感覚およびその妥当性は、異質な複数の人々による判断の交わりの中から「生まれる」ものだと表現している。すなわち共通感覚は、客観的法則や普遍的理性に由来するのではなく、自由で予測不可能な複数の人々の判断が、そのつど偶然的に一致することで、反省的に見いだされるものであると解釈することができる。

では、構想力と共通感覚が結ぶ「人間関係の網の目」には、すべての人間が無条件で参入できるのであろうか。この点についてアーレントは、誰もが参加可能性を有していると述べる一方で、「判断の妥当性について議論し、判断を下すことを拒む人々は含まれない」（RJ, 141）と留保をつけている。言い換えれば、「人間関係の網の目」に参加する条件とは、年齢でも、性別でも、出自でも、民族でも、知識でもなく、ただ他者の立場を想像し、配慮し、他者とともに生きることを選択するか否かである。そしてこの選択は、次節で考察する政治的「自発性」とも深く関わってくるのである。

第三節　「自発性」による世界への出生——政治的勇気と「世界への愛」

本節では、アーレントの政治的自由のもう一つの意味である「自発性」について、その多様な意味を分析する。

「自発性」は、アーレントの表現によれば、新たに始める自由、世界へまったく新しいことを持ち込む自由、過去の行為の結果から生じる因果系列をいったん終わらせ、新しい行為を始める自由である（WP, 33–34）。より具体的にいえば、「行為者」が他の人々に向けて新しいことを語り始める自由を意味している。行為者の語りは出来事の「始源」（archē）であり、アーレントはこの始まりを「奇跡」（miracle, Wunder）とも表現している（WP, 34）。さらにアーレントは、「自由であること（Frei-Sein）とポリスの中で生きること（In-einer-Polis-Leben）はある意味で同じこと」（WP, 38）として、政治的自由と政治的生の不可分性を示している。「新たに始める自由」の範例として、ギリシャの競技場で発揮される競技者の卓越性が挙げられている。卓越性は、他者と異なっていること、他者と比べて際立っていることを公開された場で観客に向けて示すことで、はじめてあらわになる。したがって、政治的自由はけっして単独で実現できるものではなく、自分とは異なる他者によって観られ、聴かれることを必要とするのである。

ここでの考察にとって重要であるのは、アーレントが「新たに始める自由」と、カントの『純粋理性批判』超越論的弁証論における「絶対的自発性」とを重ねあわせている点である。まず「新たに始める自由」は、行為と結果の因果系列を切断して、世界に新たな「始まり」をもたらすという意味で、カントの「絶対的自発性」と共通している。しかし人間の「絶対的自発性」は、神による創造とは異なり、予測不可能性と不可逆性という条件のもとにある。「行為者」は、自分の行ったことがどのような意味を持ち、どのような結果をもたらすのかを予め知ることはできない。なぜなら、行為は、複数の他者との影響関係の中で展開されるがゆえに、誰もその行為の結果を予測することができないからである。また、「行為者」は、行った行為がたとえ過ちであったとしても、その行為を遡ってなかったことにすることはできない。ゆえに「行為者」の行為は、自由と偶然性によって、つねに不安定な状態にある。

この不安定な「始まり」の行為は、筆者のみるところ、政治的「勇気」によってはじめて行われうる。アーレントは、論考「自由とはなにか」の中で、勇気の政治的重要性を、次のように特徴づけている。「勇気は人々を生命への配慮から世界の自由へと解放する。政治においては生命ではなく世界が賭けられているがゆえに、勇気を欠くことはできないのである」（BPF, 155）。ただし、「生命への配慮からの解放」とは、けっして「危険や死に直面したときに初めて感じる心底からの激しい燃焼感で敢然と命を賭す大胆な冒険」（BPF, 154）を意味しない。なぜなら、「無謀な冒険は臆病に劣らず生命にとらわれている」（Ibid.）からである。

アーレントは上記の引用文で、生物学的生と政治的生を区別し、他者と共に世界の中へ現れる自由が後者にのみ潜在することを示している。また彼女は、世界へ関心を向け、参入するためには、勇気が不可欠の条件になると考えている。同様の事柄は『活動的生』でも言及されている。勇気とは、「ポリス的空間にあえて乗り込む」（VA, 46）意志である。アーレントは、自分自身の生命への欲求を「生命への愛」と呼び、「生命への愛が大きすぎるのは自由にとって妨げにしかならない」と論じている（Ibid.）。この場合の「生命」は生物学的生のプロセスを意味し、「自由」は「政治的自由」である。

筆者の解釈では、アーレントの勇気とは、自らが生物学的生存のプロセスに不可避的に条件づけられた存在であることを自覚した上で、あえて世界へ参入する判断力の自由を意味する。言い換えれば、勇気は、「生命への愛」ではなく「世界への愛」（amor mundi）を選ぶことで示される。アーレントは、生物学的生のプロセスに政治的生が還元されることの危険性について、つねに警戒していた(11)。生物学的生存の必然性のプロセスの中で、人間は対象化され、代替可能な一部品となる。言い換えれば、人間それぞれが他者と同質のものとなり、全体の中で均一化される事態を意味する。このことによって、人々は唯一性と差異性の喪失状態に陥る。唯一性と差異性の喪失は、多様なパースペクティブの間で形成される世界の喪失であり、世界へ現れる自由としての政治的自由の喪失である。アーレントは、一方で生物学的生を人間にとって不可避の条件であると認める。しかし同時に彼女は、異質な他者とともに「世界を共有する」勇気を失ったとしたら、人間の政治的自由と複数性の喪失が引き起こされると警鐘を鳴らしたのである。

つづいて、勇気はどのような方法で「政治的生」の自由をもたらすのかという問いについて、「行為者」の「出生」の観点から考察しよう。アーレントは、『活動的生』の中で勇気について次のように特徴づけている。「勇気は行為と言論そのものにすでに属している。というのも、何らかの仕方で世界に参入し、世界のうちで自分自身の物語を始めるうえで、われわれが摑まねばならない創始（Initiative）には、勇気が必要だからである」（VA, 232）。第一章でも述べたように、「創始」とは「行為者」が自らの意見を語り始めることであり、世界の中へ新しいものとして「出生」することである。「行為者」の語りはつねにすでに「他の誰かに対して」の語りであるから、語り始める勇気は、他者と世界に向けられたものであることを前提としている。したがって、勇気は「行為者」を世界へ参入させる力である。また、勇気は異質な他者の前に自分自身を曝し、他者によってなされる偶然的で多様な解釈に自身の行為の意味を委ねる「思い切りのよさ」（Ibid.）を意味する。この「原初的勇気」（Ibid.）なしには、政治的生の自由は不可能である。行為する勇気とは、不可逆で予測不可能な政治的行為をあえて行い、異質な他者とともに誤解を恐れずに意見を交わす能力である。そして「行為者」の行為は、「注視者」たちに解釈されることではじめて、世界経験として意味が現れるのである。すなわち、政治的意味での勇気は、自己の内部で完結する決断ではなく、つねにすでに他者に解釈され、判断されることを条件としている。筆者のみるところ、上記の点がアーレントの勇気と主体主義的決断との決定的な違いである。

さらに、勇気は「行為者」だけでなく「注視者」にとっても不可欠の契機である。先述したように、世界は「行為者」と「注視者」がともに「世界を共有する感覚」を発揮することで顕在化しうる。世界へ関心を向ける働きとしての勇気は「世界を共有する感覚」としての共通感覚を発揮する意志としても解釈可能である[12]。したがって政治的勇気は、「現れの空間」としての世界を現実化する原動力として、きわめて重要な役割を持つと言える。

政治的勇気を重視するアーレントの議論は、しばしば英雄主義あるいはニーチェ的エリート主義であると解釈され、批判されてきた[13]。だが、筆者の見解では、上記の批判はアーレントの議論の本質を見失っている。アーレントの意図は、政治的生を生物学的生の上位に置くことでもなければ、ハーバーマスのように理性的な合意形成の理論を構築することでもない。彼女の目的は、政治的生が現実にあらわれるための条件を示すことにある。彼女は、生物学的生のプロセスが人間の生の全体を覆い隠したときにもたらされる悲惨さと暴力の危険に、つねに注意を向けてきた。すなわち、もしも人間が、共通感覚と自発性を発揮して世界に参入する勇気を失い、世界を共に創始する努力を怠れば、人間の政治的生と政治的自由は瞬く間に失われてしまうことに、警鐘を鳴らしているのである。

第四節　「共通感覚」と「世界への愛」の「共－起源的」関係

これまでの議論で、本書は「政治的自由」が「構想力の自由」と「自発性」という二重の意味をもつことを明らかにした。筆者の解釈では、「構想力の自由」と「自発性」は、分離されているのではなく、政治的行為というひとつの出来事の二つの側面を言い表している。つまり、異質な他者が互いの「意見」に耳を傾け合うことと、新しい「意見」によって世界の中に現れることは、同じ出来事を意味しているのである。

なぜなら、新たな行為は、けっして単独で行われるのではなく、必ずその行為を観て、聴いて、判断する他者との間で現れる、相互的な言論行為だからである。

アーレントの政治哲学の文脈に従えば、新たな行為は、異質な他者との間で世界が共有されているときにのみ姿を現す。逆に、複数の人々の間に潜在していた世界は、誰かが新たな意見を語っているときにのみそのつど顕在化することができる。つまり、行為と世界は、どちらが先にあるのでもなく、同時に現れると考えられる。そうであるなら、新しい行為を始める「自発性」と、世界を現前させる「構想力の自由」もまた、同時に互いを現象させる関係にあると解釈できる。

したがって、この二つの「自由」は、個人の主体的な能力でもなければ、超越論的な「物自体」として想定されているわけでもない。アーレントにおける「政治的自由」は、複数的な行為と聴取の可能性である。さらに、「政治的自由」は、「行為者」による新しい語りと「注視者」による聴取が現実に行われることによってはじめて現実化・顕在化することができるのである。

以上のアーレントの自由概念については、同語反復的であり、根拠が乏しいという批判もたしかに存在する。しかし、そもそもアーレントは、政治的自由の存在の形而上学的基礎づけを意図しているわけではない。アーレントの目的は、「政治」（politics）という言葉の起源（archē）を遡ることによって、近代形而上学の歴史の中で忘却されてしまった政治の本来の意味を問い直すことにある。アーレントの狙いは、政治の本質を説明することではなく、政治の意味を問うことである。政治の意味は、起源への遡行的問いかけを通して、初めてあらわになる。アーレントは政治の生まれた起源を、古代ギリシャの政治経験まで遡り、そこであらわになった政治の意味を記述している。アーレントによれば、ポリスでの政治は、広場で誰かが語り「始める」ことによって成立していた。そして「始める」（archein）という言葉は元来、「始めること」（to begin）、「導くこと」（to lead）、「支配すること」（to rule）という三重の意味を持っていた（HC, 189）。ところが、プラトン以降の伝統的な政治哲学の歴史の中で、「支配する」という意味だけが政治の原理として用いられるようになり、「始める」という本来の政治の意味が忘却されてしまった。その結果、暴力によって他者を支配することが政治の本質と理解され、近代の政治哲学と政治理論は、国民国家における政治の暴力から、いかに国民の個人的な自由と財産を守るか、という主題に集約していく。こうした近代的政治理論に対して、アーレントは、政治の意味はそもそも暴力による支配ではなく、自分とは異なる他者と共に語り合う自由の行使であり、そのための場を構成することにあったと注意を促しているのである。

要するに、こうしたアーレントによる政治の意味の探究は、現象学的な起源への遡行的問いかけの試みであった。アーレント自身の体験に即して言えば、彼女に上記の問いを促したのは、二十世紀における全体主義と絶滅戦争という、二つの絶望的な政治経験だったといえるだろう（WP, 29）。すなわちアーレントは、「もはや、そもそも政治に意味はないのではないか」という逆説的な問いに対し「政治の意味は自由である。自由ではない政治は、意味を喪失する」と反論しているのである。

以上の考察から、本章では次の三点が明らかになった。第一に、アーレントにおける「政治的自由」に二重の意味があることが示された。「政治的自由」の一つ目の意味は「構想力の自由」、すなわち異なる他者とともに語りあう自由であり、二つ目の意味は「自発性」、すなわち新たに行為を始める自由であった。第二に、「構想力の自由」は「世界を共有する感覚」としての政治的共通感覚によって成り立つことが明らかになった。第三に、「自発性」は異質な他者へ自らの意見をさらけだし、解釈を委ねる「勇気」によって可能になること、および「勇気」の根源には「世界への愛」があることが示された。

「政治的自由」の喪失は、「現れの空間」が失われることを意味する。つまり、「構想力の自由」と「共通感覚」、「自発性」と「世界への愛」は、「政治的生」の空間が現実に顕在化するために、不可欠の条件なのである。

注

（1） Immanuel Kant, *Kritik der Urteilskraft* (1790), in: Kant's gesammelte Schriften, herausgegeben von der Königlich Preußischen Akademie der Wissenschaften. Band V, Berlin 1913. 以下、カントの著作からの引用はアカデミー版カント全集により、巻数をローマ数字で表わし、頁数をアラビア数字で表示する。

（2）「構想力の自由」(die Freiheit der Einbildungskraft) という言葉は、『判断力批判』では第一六節 (V230)、第五九節 (V354)、第六〇節等 (V355) 等で用いられている。特に第五九節では、「自由」(Freiheit) の部分がゲシュペルトで強調されている。また、カントが多用する「自由な構想力」(die Einbildungskraft in ihrer Freiheit) という言葉との関連でいえば、第三五節の中で二か所、「自由のうちにある構想力」(Einbildungskraft in ihrer *Freiheit*, sofern das erste〔= Einbildungskraft〕*in seiner Freiheit*) (V287) という表現が登場する。「自由」は二か所とも強調されており、特に後者は「自由のうちにある」(in seiner Freiheit) までが強調されている。上述の点から、自由な趣味判断にとって「構想力の自由」がいかに重要であるかを読み取ることができる。

（3） アーレントのカント解釈の特徴については、以下の文献を参照のこと。牧野英二『遠近法主義の哲学』弘文堂、一九九六年、三一—五六頁。

（4） 構想力とは「目の前に存在しないものを心の中で思い浮かべる能力」である。構想力には経験的な面と超越論的な面があるとされる。たとえば、かつて見たことのあるジョージ・ワシントン橋について想起すると考えた場合、構想力は「これまでしばしば目にしてきたこの橋のイメージ」を、「橋そのものの図式的なイメージ」(schematic image) に基づいて、心の中に思い描く。このとき、前者は個々人が「かつてジョージ・ワシントン橋を見た」という経験から構想された表象であり、後者は〈橋〉とはどのようなものか（どのようなものが〈橋〉と判断されるか）の基準となる超越論的な表象である。図式とは本来は認識判断の際に使われる言葉であり、カントの美感的判断の場合は、図式にあたるものは範例（examples）と呼ばれる。この表象の能力を他の人々とも共有していると期待することができるという点から、構想力による他者との伝達可能性が開かれるのである（RJ, 139–140）。

（5） アーレントにおいて「視野の広い考え方」（enlarged thought）、あるいは「精神の拡張」（enlargement of the mind）とは、カントが『判断力批判』第一部の中で「普通の人間悟性」すなわち「共同体的感覚としての共通感覚」の格率として挙げている、「視野の広い考え方」（erweiterte Denkungsart）を政治哲学的に解釈したものである。

（6） 「注視者」は、アーレントの判断力論の中で重要な概念の一つである。「注視者」の立場は、実際の政治的行為の当事者である「行為者」（actor）の立場と対比して語られる。注視者とは、過去の政治的諸行為について、回想的に判定を下す者である。注視者は、判断の際に「表象」と「反省」という二つの精神作用を介することで、判断対象と「適当な距離」を確立することができる。そのため「行為者」に比べて、より自由で公平な判断をすることが可能となる。また、注視者の視点は、祝祭において役者（actor）の演技を判定する観客（spectator）の視点に喩えられている。アーレントによれば、「行為者は演劇の一部分であるがゆえに、自分の役（part）を演じなければならない――つまり行為者は定義上偏るもの（不公平 partial）である」のに対し、「注視者にはいかなる役も割り当てられない」ために、公平（impartial）な判断者となることができる（LKPP, 55–56）。

また、注視者の立場は、「行為世界からの撤退」によって得られる観想的な傍観者の立場であるとも表現される。さらに、行為者は複数の注視者に見られることがなければ公的空間の中に現れることができないため、政治的活動にとってより不可欠の条件であるのは、複数的な注視者の側であるとされている

(LKPP, 63)。ロナルド・ベイナーは、以上のアーレントの注視者概念を「観想的な傍観者が活動的な行為者に優越している」と解釈し、批判している。彼によれば、晩年のアーレントは「精神的活動と世間的活動との間の固定的な分離に固執したために、活動的生活の判断作用を追放せざるをえなかった」が、それは『カント講義』以前のアーレント哲学が示していた、政治的判断力の豊かな可能性を観想の世界の中だけにとどめてしまった、というのである(LKPP, 139–140)。

こうしたベイナーによる晩年のアーレント批判の妥当性については、本書の第三章で検討する。

(7) 共通感覚の概念史に関する優れた研究として、ハンス＝ゲオルク・ガダマーの『真理と方法Ⅰ』(Hans-Georg Gadamer, *Wahrheit und Methode* (1960), Tübingen 2010) がある。ガダマーは、以下のように共通感覚と趣味概念の歴史をまとめている (ibid., S. 24–47)。共通感覚は本来、アリストテレスのフロネーシスの概念に由来するものであり、もともと政治的・社会的・道徳的感覚としての意味を持っていた。その伝統は、ヴィーコやダランベール、シャフツベリ、グラシアンらの人文主義の伝統に受け継がれた。ヴィーコは、自然科学的方法によって真理を明晰判明に明らかにしていこうとするデカルト的な方法論に対して、レトリックの持つ真理性や、慣習的な共通感覚が、人文科学の中で重要な意義を有していることを訴えた。グラシアンは趣味を、たんに美的なものの判定にのみ関わるのではなく、人格の良さや人間的教養を表す概念として理解していた。

ガダマーによれば、趣味や共通感覚の道徳的・政治的含意の伝統は、ドイツの啓蒙思想、とりわけカントの中で失われたという。ガダマーは、カントは趣味を主観化し、趣味の能力を現実の対象から切り離してしまったとして、存在論的美学の立場からカントを批判している。

他方アーレントは、ガダマーと共通する点も多くあるが、カント解釈については彼と立場を異にする。アーレントは、共通感覚と趣味の感覚に道徳的・政治的含意を見る点ではガダマーと共通している。しかし彼女は、カントの趣味判断の能力を間主観的な感覚ととらえており、その点でガダマーとは逆の見解を採用する。アーレントはカントの中に、特定の共同体の習俗とは違う意味での「共通感覚」の理論を見る。アーレントによれば、カントのいう共通感覚は、他者を理解し、共存することを望む感覚である。それは特定の国や民族や歴史的・風土的共同体の価値観を指すものではなく、思考様式の共同性であり、普遍化可能性のあるものである。共通感覚はアーレントにとって、構想力の自由と不可分なものであり、言語的な相互理解を可能にする条件であり、言い換えれば超越論的な理解可能性である。その意味でアーレントはきわめてカント的であり、ガダマーとは一線を画する。ガダマーとアーレントの比較については、Ronald Beiner, *Political Judgement* (University of Chicago Press, 1984) の第1章も合わせて参照のこと。

アーレントは道徳と趣味を慎重に区別したカントの意図を充分に理解しつつも、カントが『道徳形而上学』を最初は「道徳的趣味批判」と名付けるつもりであったことを指摘し、カントにとって趣味と道徳論は一致しないとしても不可分な関係性にあったという解釈を展開するのである。(LKPP, 10)

(8) 『判断力批判』において、Ansinnen は、主観的な趣味判断への同意を他者にあえて要求するという意味で用いられる。すなわち、客観的規範のもとで他者に同意を強制することはできないが、にもかかわらず、自己の趣味判断に同意してほしい、と他者にも期待することができるという意味である。

(9) カントの趣味批判の文脈を離れて、現代哲学の実存主義の立場からこの共通感覚について考えれば、「実存は本質に先立つ」ように、共通感覚を求める人々の相互主観的な言語活動こそが共通感覚を産出するとも解釈可能である。

(10) 共通感覚が「生まれる」ものだというアーレントの言明は、最終的には本書の主題である「共通感覚」と「世界への愛」の「共-起源的」関係に帰結すると考える。ところで、アーレントとはまったく別の文脈から共通感覚の偶然的「発生」を論じた同時代のテキストとして、ジル・ドゥルーズの『カントの批判哲学』(1963)にも触れておくことにする。ドゥルーズは、カントにおける共通感覚は美的領域のみを基礎づけているのではなく、認識判断や道徳的判断の領域をも根底から支えているという解釈のもと、美的共通感覚の起源について、以下のような問いを投げかけている。

美感的共通感覚は他の二つの共通感覚〔論理的な共通感覚と道徳的な共通感覚〕を補うのではない。むしろそれはこれらを基礎付ける、あるいは、可能にするのである。……われわれは、美的快の普遍性と高次の感情の伝達可能性を、諸能力の自由な一致によって説明している。しかし、この自由な一致を推定し、ア・プリオリに仮定するだけで十分なのだろうか? それはむしろ、われわれの中で産出されるべきものなのではないか? 言い換えれば、美感的共通感覚は、発生の対象であるべきではないのか?

(Gilles Deleuze, *La philosophie critique de Kant: doctrine des facultés (1963)*, Presses Universitaires de France, 1994, pp. 72–73.『カントの批判哲学』國分功一郎訳、筑摩書房、二〇〇八年)

アーレントとドゥルーズの共通感覚論を「出生」と「発生」の観点から検討することは有意義だと思われるが、本書の主題からは外れるため、ここでは両者の比較研究の可能性を指摘するにとどめる。

(11) アーレントは、生物学的生としてのゾーエーと、政治的生としてのビオスを厳密に区別している。アーレントによれば、近代の問題は、ゾーエーがビオスの領域に侵入し、両者が歪に融合したことに原因がある。詳細は『人間の条件』第二章を参照。

(12) 勇気や共通感覚とともに、世界を顕在化させる条件として、「世界への愛」が挙げられる。共通感覚と「世界への愛」の関係については、第四章を参照のこと。

（13） Cf. M. Jay, *Permanent Exiles*, New York 1985, pp. 250–251.（『永遠の亡命者たち——知識人の移住と思想の運命』今村仁司他訳、新曜社、一九八九年） S. Wolin, 'Hannah Arendt: Democracy and Political,' in: *Hannah Arendt: Critical Essays*, edited by L. P. Hinchman and S. K. Hinchman, New York 1994, p. 290.

第三章
「共通感覚」の現象学的解釈

第一節　「政治的生」の第一の条件——政治的共通感覚

本章では、「政治的生」の空間が顕在化するために必要な第一の条件である「共通感覚」の現象学的意味を解明する。そのために本章では、『カント政治哲学の講義』の中で展開されたアーレントの共通感覚論にとって中心的な役割を果たしている「行為者」と「注視者」の概念の関係に着目する。

二十世紀までのアーレント研究史を回顧すれば、ベイナーに代表されるように、「行為者」と「注視者」の概念は多くの場合、活動的生と観想的生の断絶、あるいは行為と思考との間の対立という観点から批判がなされてきた。これに対して筆者は、「行為者」と「注視者」の両者は断絶しているのではなく、むしろ相互に条件づけあう関係にあり、両者は不可分であると解釈する。アーレントの意図は、理論と実践の二元論という伝統的図式を乗り越えることにある。(1) そのために彼女は、現象学的方法を用いて、カントの「天才」（Genie）と「趣味」（Geschmack）を「行為者」と「注視者」として読み換えたのである。

そこで本章では、通説化したベイナーによるアーレントの共通感覚論の問題点を明らかにして、「行為者」と「注視者」の関係に対する誤解の原因を明らかにする。

ベイナー説は、アーレントの「行為者」および「注視者」に対する典型的な批判を提示しており、現在に至るまでアーレント解釈の定説となっている。ベイナーは『政治的判断力』(2) の中で、政治的共通感覚の概念史における二つの系譜を示している。第一は、カント的な共通感覚の系譜であり、第二は、アリストテレス的な共通感覚の系譜である。ベイナーによれば、これらはいずれも政治的共通感覚として機能するが、そのうちアーレントの政治的共通感覚の立場は、前者のカント的な共通感覚の系譜に属する。さらにベイナーは、アーレントの「行為者」および「注視者」の間の関係には、カントに見られた主客二元論的な「断絶」があると主張する。

だが筆者の見解では、ベイナーは「行為者」と「注視者」が相互に条件づけあう関係にあることを看過している。ゆえに、ベイナーによる晩年のアーレント哲学への批判は、アーレント政治哲学全体に通底する根本的な思想の意義を覆い隠す結果となってしまっている。そこで筆者は、ヴィラの現象学的方法を用いたアーレント解釈を手がかりとしてベイナー説の問題点を析出し、「行為者」と「注視者」が自由な「政治的生」の空間が生まれるための不可欠の条件であることを明らかにする。それによって、アーレントにおける政治的共通感覚の特徴と意義もまた明らかにできるはずである。

本章では第一に、アーレントの「行為者」と「注視者」の関係が、カントが『判断力批判』で提示した「天才」と「趣味」の関係と類比的であることに着目し、「行為者」と「注視者」の不可分な関係性を明確にする。アーレントは『思索日記』の中で、「政治における判断と行為の関係も、趣味と天才との関係に似ている」(DT, 582)という命題を表明することで、これらの概念の関係性を示唆した。しかしこの命題の意味と重要性については、従来のアーレント研究では十分に検討されてこなかった。それに対して、本書では『カント政治哲学の講義』第十講の論述を詳細に検討することによって、カントの「天才」と「趣味」の概念とアーレントの「行為者」と「注視者」が、きわめて重要な類比的関係にあることを解明する。

第二に、ヴィラによる現象学的アーレント解釈を手がかりとしながら、「行為者」と「注視者」が、互いを同時に現象させる起源となるという意味で「共－起源的」な関係にあることを明らかにする。

第三に、オルコウスキーによるアーレント解釈を手がかりとして、「行為者」と「注視者」が、政治的意見に「事実の真理」(factual truth)[3]としてのリアリティをもたらすことを明らかにする。アーレントは、伝統的な西洋哲学の「理性の思考」の問題点を首尾一貫して主張してきた。オルコウスキーは、このアーレントの見解を踏まえて、現実政治におけるアーレント政治哲学の可能性を展開しようと試みている。オルコウスキーの議論は、混迷する現代社会において、注目に値する政治的および倫理的意義を有していると言える。

本章の結論として、次のことが明らかになるだろう。「政治的生」の空間は、「行為者」と「注視者」の「共‐起源的」関係の間でそのつど現象する。「行為者」と「注視者」が同じ世界に関わることを可能にする働きが共通感覚である。さらに、上記の考察を通じて、「行為者」と「注視者」の判断力は、「手すりなき思考の時代」(4)である現代の中でこそ、一層必要とされる働きであることが明らかになるだろう。

第二節　独創性と公共性――「天才」と「趣味」の政治哲学的解釈

本節の目的は、「行為者」と「注視者」の関係性を考察するために、これらの概念の理念的モデルとなった、カントの『判断力批判』における天才と趣味の概念の関係性を明らかにする点にある。現代の政治哲学研究者の間では、アーレントが『判断力批判』第一部を政治哲学の書と読み換え、美感的反省的判断力を政治的判断力と解釈したことはよく知られている。しかし、彼女がなぜカントの天才と趣味との関係に着目して、人間の言語的相互行為における「行為者」と「注視者」の関係として両者を読み換えたのか、という問いは、国内外のカント研究およびアーレント研究の領域でいまだ解明されていない課題として残されている。

まず、カント研究史の上では、『判断力批判』の内在的解釈の文脈の中で、彼の天才と趣味の関係について様々な解釈と批判が展開されてきた。当該分野の代表的研究者であるシュラップは、天才と趣味が『判断力批判』の体系の内で不可分の関係にあると論じた[5]。また、カッシーラーは天才を心的能力の一つである「調和」（Stimmung）の在り方と捉え、天才と趣味との関係の意義を自由と必然性の結合のうちに見出した[6]。日本では、有機的自然の合目的性と天才との関係を強調し、天才を自然と自由の媒介と捉える佐藤康邦の研究[7]等がある。

これらのカントの天才概念を積極的に評価する立場に対して、天才概念を消極的・批判的に解釈するカント研究者も一定数存在する。たとえば、ボイムラーは、天才の分析は『判断力批判』の内ではあくまで派生的な問題にすぎないと否定的に解釈した[8]。またガダマーは、存在論的解釈学の立場から、カントの天才概念は主観主義的美学の制約に囚われていると批判している[9]。

『判断力批判』における天才概念、および天才と趣味との関係性に対する諸批判の要点は、以下の通りである。『判断力批判』第一部に属する「美感的判断力の演繹」は、文字通り美感的反省的判断力の妥当性について、言い換えれば、趣味の超越論的演繹についての考察が意図されている。そこでカントは、趣味批判の立場、つまり観照的美学の立場に依拠して議論を展開している。ところが、この第一部に属する天才概念の考察は、創造的美学の立場に依拠している。したがって、趣味批判と天才論との間には、整合的な議論が展開されていないというのである。本書はカントの天才論の内在的研究を意図しているわけではないので、この問題にはこれ以上立ち入らないことにする。ただし、このカント研究上の天才と趣味との整合的解釈をめぐる問題は、アーレント研究においても、「行為者」

と「注視者」の関係をめぐる論争として、新たな文脈の中で登場する点に注意を喚起しておく[10]。

本書の課題に即して言えば、以上のカントの内在的諸研究は、天才概念を積極的・肯定的に評価するにせよ、消極的・否定的に解釈するにせよ、いずれも美学の領域における議論にとどまっている[11]。これに対してアーレントは、『判断力批判』における天才と趣味の関係が、政治的言論空間における「行為者」と「注視者」の関係と類比的であるという新たな解釈を示した。

そこで本節では、まずカント研究の成果に依拠して、『判断力批判』で展開された天才概念の特徴を、とりわけ趣味との関係に焦点を絞って明らかにする。次にアーレントの論述を手がかりにして、天才と趣味が「行為者」と「注視者」と類比的な関係にあることを明らかにし、その政治哲学的意義を探求する。

上記の課題のために、まず、カント哲学の文脈における天才と趣味の意味を考察する。カントは、『判断力批判』第一部の後半である「美感的判断力の演繹」第四六節から第五〇節の中で、天才概念の性格づけや意義について詳しく論じている[12]。さらに第四六節では、カントは天才の特性として次の四つの主要な特徴を挙げた。第一に、独創的であること。すなわち模倣ではないこと。第二に、範例的であること。すなわち特殊的なものでありながら他者にとって一般的な規則あるいは図式として作用しうること。第三に、天才は自然として規則を与え、学的に規則を指示するのではないこと。つまり、精神（Geist）が規則を与えること。第四に、天才は学に規則を与えるのではなく、美術としての技術に規則を与えること（V307–308）などである。

さらにカントは、第四八節では、天才と趣味の不可分な関係性を次のように表現している。「美しい対象を美しい対象として判定するためには、趣味が必要である。しかし美術そのもののためには、すなわちこうした対象を産出するためには、天才が必要である」（V311）。この論述を前提にした上で、第五〇節では、「趣味は天才の指導（ないし訓育）」であり、天才の構想力、悟性、精神は趣味によってはじめて合一されると論じられている（V319）。

筆者の解釈では、カントの天才概念の要点は、次の二つに集約される。第一に、天才は独創的でなければならない。なぜなら天才は自由な産出的構想力を発揮し、それによって新しい規範を創り出すからである。第二に、天才は趣味によって条件づけられていなければならない。なぜなら天才の創造物は趣味によって指導され、制約されることで、はじめて美的作品であることができるからである。天才の自由な産物ではあっても美的作品ではないものには、「その天才に趣味が欠けている」のである（V313）。

筆者は、上記の天才の性格を「天才の二重性」と呼ぶことにする。「天才の二重性」とは、天才は一方ではまったく新しい「趣味」の範例を創造するが、他方で他者の「趣味」判断によって条件づけられているという意味である。

ではこうした天才の二重性は、相互に矛盾することなくどのように両立しうるであろうか。この問いに答えるために、アーレントの『カント政治哲学の講義』における天才解釈を手がかりとする。アーレントの理解によれば、天才の二重性の問題は、「普遍伝達可能性」と「範例」という二つの概念によって解決されうる。まずアーレントは、『判断力批判』第四九節における次のカントの記述に注目する。カントによれば、天才の本質は、構想力と悟性の自由な戯れの中で、両者の間に、ある「幸運な関係」（V317）を見出すことにある。

この関係のうちで、ある与えられた概念のために諸理念が見出され、他方、これらの理念のために適切な表現が言い当てられることができる。これらの理念によって生み出された主観的な心の調和は、ある概念にともなうものとして、この表現を通して他の人々に伝達されうるのである。このような表現を見出す才能こそ、本来精神と呼ばれるものである。（Ibid.）

天才の精神とは、構想力の産出した独創的な美的理念を他者に伝達可能な仕方で表現する力である。この普遍的伝達を可能にする能力が趣味の能力である。しかも趣味判断はあくまで反省的であり、規定的判断力のように天才の自由を強制的に制約するわけではない。なぜなら、趣味は、儚く過ぎ去ってしまう「構想力と悟性の自由な戯れ」を、既存の諸規則に強制されずに、他者に伝達されうる美的理念のうちに合一する能力だからである（V317–318）。

また天才の独創性は、天才の産物が「他の天才に対する継承の実例である」（V318）ことから示される。天才の産物に対面した者は、「自分自身の独創性の感情に目覚めさせられて、諸規則の強制からの自由を芸術のうちで発揮する」（Ibid.）。それによって芸術は「それ自身一つの新しい規則を獲得するのであり、この規則によって天才の才能は、模範的なものとして示される」(Ibid.)。すなわち、天才の産物は、他者によって反省的に判断され、「実例」となることで、はじめて独創的な新しい規則となりうる。天才は、自らの趣味の能力によってこそ、自己の産物を独創的な美的作品として他者に向けて表現することが可能になるのである。

上記のカントによる「天才」と「趣味」の概念を、アーレントは以下のように解釈している。アーレントは、趣味が天才の「不可欠の条件」(conditio sine qua non)(V319)とされている点を強調する。趣味判断の能力は、カントが第四〇節で示したように「共通感覚(sensus communis)[13]としての趣味」(V293)を意味する。アーレントは、カントが共通感覚を「共同体的感覚」(gemeinschaftlicher Sinn)と名付けた意味を、次のように解釈する。共通感覚は、ある作品について自由に判断を下す人々によって形成される、ひとつの共通世界を現象させる働きである。作家の天才性は、こうした自由な「公的空間」(public space, der öffentliche Raum)の中でのみ現れることが可能である。自由な公的空間は、作家の作品を鑑賞し判定する人々の趣味判断の能力によってのみ創出されうる(LKPP, 63)。その意味で、アーレントは、趣味判断の能力としての共通感覚が、天才の「不可欠の条件」であると解釈するのである。

本書の主題から見て、上記のカントの論述の中で重要であるのは、共通感覚の働きが「視野の広い考え方」(erweiterte Denkungsart)としての反省的判断力の格率(V294)とされる点である。本書の第二章でも論述したように、「視野の広い考え方」とは、「構想力の自由」によって「人が自分の判断を他の人々の現実的判断というよりも、むしろたんに可能な諸判断と照らし合わせて、われわれ自身の判定に偶然付随する諸制限をたんに捨象して、他のあらゆる人の立場に自分を置き換えること」(Ibid.)である。もちろん、カント自身の主張によれば、「他のあらゆる人の立場に自分を置き換えること」によって判定される事柄は、自然美、および芸術美の対象である天才の作品である。その鑑賞者は、構想力と共通感覚を用いて判断を下すことによって、自身の美感的趣味判断の主観的普遍性(14)を要求する。その点で、カントは『純粋理性批判』における理論理性の普遍性要求とも、『実践理性批判』における純粋実践理性の妥当性要求とも異なる、反省的判断力によるゆるやかな普遍妥当性を他者に期待するのである。

ところがアーレントは、カントのこの「視野の広い考え方」を自身の政治哲学の中心概念に据えるにあたって、それを複眼的観点からの批判的思考として解釈する。アーレントによれば、「視野の広い考え方」は「構想力によって様々な他者を現前させ、それによってある可能的で公的な、すべての立場に向けて開かれている空間の中に入る」(LKPP, 43)思考であり、他の人々の多様な判断によって己の判断を批判的に吟味する思考である。また、判断力によって形成される公的空間とは、複数の異質な他者の間で産み出される、自由で多元的な言論空間を意味する。つまり、天才が趣味によって指導されるとは、共通感覚によって美的エゴイズムが克服されることにほかならない(15)。

以上のアーレントによるカント解釈の特徴は、筆者の見解では、次の四点に集約される。第一に、趣味判断を行う主体は単数(man)ではなく、あくまでも多様で特殊な複数の人々(men)である。

したがって判断の主体は、『純粋理性批判』や『実践理性批判』における人間理性（man）ではなく、目的論や歴史哲学における人類（humankind）でもない。趣味判断が依拠する原理は「数多性」の原理である。第二に、趣味判断は、けっして「超感性的世界」（a supersensible world）（LKPP, 67）で行われるのではなく、時間と空間に制約された現実世界に生きる人々の間で行われる。アーレントは、カントと異なり、感性的世界と超感性的世界との二世界観の立場をとらない。むしろ彼女は、『判断力批判』を政治哲学的に読み換えることで、二元論的枠組みを乗り越えようと試みている。第三に、趣味判断の行われる場は、自由な構想力と共通感覚によって形成される公開された批判的言論空間である。この場合の自由とは、けっして理性の自律（Autonomie）としての狭義の道徳的自由ではない。『判断力批判』で論じられる自由とは、カントの術語に即して言えば、反省的判断力の「自己自律」（Heautonomie）による構想力の自由を意味する。アーレントの場合、「他のあらゆる人の立場に自分を置き換えること」によって判定される政治的な出来事は、この構想力の自由に依拠しているのである。第四に、天才は一方的に趣味によって判定されるのではなく、天才もまた趣味の能力を持っていなければならない。言い換えれば「批判者と注視者の要素は、あらゆる行為者と制作者のうちにもあるる」（LKPP, 63）のでなければならない。アーレントは、カントの天才概念から、政治的空間におけるあらゆる「行為者」もまた、「注視者」と同様に政治的判断力を有していなければならないことを見出したのである。

アーレントによる天才概念のこの最後の特徴づけは、筆者のみるところ、カッシーラーによるカントの天才概念の解釈とも親近性がある。カッシーラーによれば、「天才とその行為とは、最高の個体性と最高の普遍性とが、そして自由と必然性とが、さらにまた純粋な創造と純粋な法則性とが、分かちがたく相互浸透しているような地点に立っている」[16]。要するにカッシーラーは、天才概念のうちでは、天才の最も個性的な創造性と範例的な普遍性が合一しており、構想力の自由と自然の必然的法則性とが合一している、というのである。

したがって、独創性と趣味による制約という「天才の二重性」はいかにして両立するかという問題は、次のように解消されることができる。天才は趣味によって自由を奪われているのではなく、むしろ趣味によってこそ世界の中で己の独創性を実現することが可能になる。つまり、趣味は天才の自由と独創性の条件なのである。先述したように、趣味判断は構想力と共通感覚によって可能になる。したがって、天才と、その天才の作品を批判し判断を下す人々は、ともに構想力と共通感覚の働きに依拠しているのである。

以上の考察から、本節では以下の三点が明らかになった。第一に、「天才」の二つの条件は、「あらゆる客観的規則に従属せず、独創的であること」（構想力の自由）と、「範例になりうること」（普遍性、公共性）である。第二に、「天才」の作品が「範例」でありうるか否かは、共同体的感覚としての共通感覚による「趣味」によって吟味され、判断される。第三に、「天才」にとって、「趣味」は不可欠の条件である。第四に、アーレントの「行為者」と「注視者」の関係は、上記の「天才」と「趣味」の関係と類比的である。すなわち、「行為者」の行為は、構想力の自由と、「注視者」の判断を考慮に入れる「視野の広い考え方」としての共通感覚によって、はじめて意味を持つことができる。つまり、「天才」が「趣味」を必要とするように、「行為者」は「注視者」を必要とするのである。

筆者のみるところ、アーレントによる天才概念の解釈の意義は、カントの美感的反省的判断力の働きとそれによって開かれる趣味の領域を、観照的美学の枠組みを超えて、人間相互の自由な対話空間としての「政治的生」の空間へと発展させた点にある。アーレントは、カント的な天才と趣味の関係と、自身の「政治的生」の空間における「行為者」と「注視者」の関係とを類比的に論じることによって、「注視者」の多元的で批判的な判断力が、「行為者」の独創性と自由を実現する「不可欠の条件」であることを明らかにした。そこで次節では、「行為者」と「注視者」をめぐるベイナーとヴィラの論争を検討することで、「行為者」と「注視者」が、自由な言論活動の場である公的空間そのものの条件であることを明らかにする。

第三節　カントからアーレントへ

前節のとおり、アーレントはカントの天才と趣味の関係を、「行為者」と「注視者」の関係と類比的に解釈し、自身の政治哲学に取り入れた。本節では、前節で詳述した天才と趣味の関係を現象学的な文脈のなかで対比させることによって、アーレントにおける「行為者」と「注視者」の関係をより明確にしたい。

まず、アーレントにおける「行為者」と「注視者」の基本的な特徴は、次のように整理できる。アーレントが主張する「行為者」とは、政治的行為の当事者であり、政治という舞台の上で自分の立場（part）から自分の言葉を発する「演技者」（actor）を意味する（LKPP, 55）。ここで言われる行為は、あくまでも公的空間の中で行われる自由な言論行為に限定される。すなわち「行為者」とは、公的空間としてのポリスで言語的なパフォーマンスを行う者である。「行為者」の行為は独創的であり、他者の目を引きつけるが、しかし「行為者」は自分の関わる出来事に巻き込まれているために、自分の行為の意味を知ることができない。「行為者」の行為の意味は、彼らに視線を向ける複数の「注視者」たちによって判断されねばならない（Ibid.）。それゆえ、「行為者」はけっして単独で世界に姿を現すことはできず、複数の「注視者」に見られることを必要とする。そのため「行為者」は、他者に己の言葉を伝達するために、「他者の立場を考慮に入れる」思考を条件とする。なぜなら「われわれは、他者の立場から思考することができる場合にのみ、自分の考えを伝達することができる。さもなければ、他者に出会うこともなければ、他者が理解する仕方で話すこともないであろう」からである（LKPP, 73）。

次にアーレントが主張する「注視者」とは、次のような意味である。「注視者」たちは、行為をそれぞれの視点から判定する。彼らの判断はあくまでも自律的で没利害的で（disinterested, ohne Interesse）、公平（impartial）な立場から眺めたものでなければならない（LKPP, 54）。公平な判断は、「注視者」が出来事から精神的な距離をとることによって可能となる。ただし、「注視者」たちの判断は、けっして普遍的理性に基づいた客観的判断ではなく、あくまでも各々のパースペクティブからなされる特殊な判断である。「注視者」は、過去の行為から距離をとって反省的に判断することで、出来事全体の意味を捉え、そこにひとつの「物語」(LKPP, 77) としての歴史を見る立場である。

前節の議論に即して言えば、「行為者」の特徴は、天才と同様に、その独創性にある。「行為者」の独創性は、アーレントにおいては「出生」(natality) の唯一性と同義である (HC, 178; VA, 217)。「出生」は、生物学的意味での出産と理解されてはならない。アーレント固有の「出生」概念は、いまだかつて現れたことがなく、ありそうもなかった活動が、公的空間の中でまったく新しく生起することを意味する。(17) 言い換えれば、「出生」とは、他者の間にまったく新しい「誰か」(who) として現れることである。「行為者」は、様々な他者の視線によって構成された世界の中に自分を曝け出すことで、自分自身ですら予想できない現れ方を世界へもたらすのである。

また、アーレントの「出生」概念は、カントの『純粋理性批判』の弁証論における「絶対的自発性」の概念に示唆を受けている。ただし、「出生」はあくまでもアーレントの独自の概念であり、カントの「絶対的自発性の自由」と同一ではない点に注意すべきである。

第二章でも述べたように、「行為者」の行為は不可逆性と予測不可能性によって条件づけられており、つねに不安定な状態にある。こうした「行為者」の不安定な自由は、悪しき相対主義に陥ることを免れないのではないかという批判も、確かに存在する。この批判に対して、アーレントは反省的判断力による政治哲学的な文脈における行為者と注視者の営為の「方向づけ」(orientation) の可能性に着目することで、その課題を克服しようとする。アーレントによれば、複数の「注視者」たちによる歴史的な反省的判断は、「行為者」の行為を意味づけることにより、未来に向けた行為の「範例」を示す。「範例」の「尺度」(criterion)となるのが「公共性」(publicness)である(LKPP, 69)。ここでの公共性は、「公開性」(publicity)と同義で用いられている。[18] すなわち、ある行為が公開の場における批判に耐えうるか否かが、その行為が未来の諸行為にとって新たな模範となりうるかの「尺度」となる。芸術的創作における天才が趣味によって条件づけられていたように、「行為者」もまた「注視者」たちの判断に条件づけられている。言い換えれば、「行為者」の行為は、ともに歴史の中で生きる「注視者」たちから判断されることで、はじめて新たな「範例」として、卓越性[19]と普遍性を持ちうるのである。

ここで注意しておくべきなのは、「行為者」が「注視者」を必要とするという場合に、二つの意味があるという点である。第一に、「行為者」は自分とともに公共的世界を形成する異質な他者としての「注視者」を必要とする。第二に、「行為者」は他者とともに公共的世界で相互に現象するために、他者の立場を想像する構想力と、他者と世界を共有する感覚としての共通感覚を必要とする。この構想力と共通感覚は、カントでいえば趣味の能力に該当し、ベイナーによれば「注視者」に備わる能力であると考えられてきた。だがこれまで述べてきたように、構想力と共通感覚は、「行為者」にとっても必要な能力である。つまり、「行為者」は自身の中に「注視者」の面を持っているのである。筆者の解釈ではアーレントは、この二重の意味をこめて、「行為者」と「注視者」の関係は天才と趣味の関係に似ている、と表現したのである。

以上の考察の成果を踏まえるならば、カントにおける天才とアーレントにおける「行為者」の共通点は、以下の二点に集約される。第一に、天才と「行為者」は、まったく新しいものを公的空間の中に生みだすという意味で、独創的である。第二に、天才と「行為者」は、「公共性」という「尺度」によって批判吟味されることで他者の判断の新たな「習歩車」(go-cart, Gängelband)(LKPP, 84)になりうるという意味で、範例的である。

他方で、天才と「行為者」に関しては二つの重要な相違点がある。第一の相違点は、カントにおいて天才はあくまでも芸術家であり、詩作に限らず、絵画や彫刻等、様々な芸術作品を創造するが、アーレントにおける政治的な「行為者」はもっぱら言語行為を行う者に限定されることにある。アーレントは政治的行為をパフォーマンス芸術に喩えており、この文脈では、アーレントはカント的な芸術観との深いかかわりを窺わせている。しかしながら、芸術家の創作物はあくまで技術の産物である以上、ある特定の目的の完成を目指しており、したがって目的-手段の関係に制約されるのに対して、政治的言論行為は行為そのものを目的としている。[20] この点で、カントの天才とアーレントの「行為者」との間には、見逃すことのできない差異がある。

第二の相違点は、天才は自然によって与えられる生得的な才能であるが、「行為者」の場合は、自由な構想力と共通感覚を持つ者すべてが「行為者」となる潜在的な可能性を有していることにある。この点でも、カントの天才とアーレントの行為者との間には、大きな差異があるように思われる。

カントとアーレントの共通点と相違点を理解した上で、アーレントの政治哲学的文脈に留意する限り、政治的共通感覚を持つ者とは、他者に自分の言葉を伝え他者の言葉を理解することを望む者すべてを意味する。したがって「行為者」は他者に対する「注視者」ともなりうるし、逆に「注視者」は「行為者」ともなりうる。すなわち、「注視者」が自分の判断を他者の前で語り、その判断について他者の意見を求めたとき、「注視者」は同時に「行為者」ともなりうるのである。言い換えれば、政治的空間においては、「注視者」と「行為者」は、相互に転換する性格を持つといってよい。この見解を補強するために、次節ではベイナーおよびヴィラのアーレント解釈に目を転じることにする。

第四節　「行為者」と「注視者」の相互転換——ヴィラ説の検討

本節では、ヴィラによる現象学的アーレント解釈を手がかりとして、「行為者」と「注視者」の立場が現象学的にみて相互に転換しうる可能性を明らかにする。そのために、第一に、ベイナーに代表される典型的なアーレント批判の内実を検討する。第二に、ベイナーに対するヴィラの反論およびアーレント擁護の見解を検討する。

結論を先取りすれば、ベイナーは総じてアーレントによる「行為者」と「注視者」との間には断絶があると批判する。だが、筆者の見解では、ベイナーの指摘する「行為者」と「注視者」、行為と思索との間の断絶という事態は存在せず、彼のアーレント批判は「行為者」と「注視者」との関係に対する根本的な誤解に基づいている。というのも、後述するように、「注視者」の没利害的な反省的判断力の働きこそが、「行為者」が世界の中に現れるための不可欠の条件だからである。天才が自らの独創性のために趣味の能力を必要としたように、「行為者」もまた、「注視者」の反省的判断力とそれによって開示される公共的言論空間を必要とするのである。

まず、ベイナーのアーレント批判に対する批判的応答を試みる。前節で論述したアーレントの「行為者」と「注視者」の概念に対して、ベイナーは、「行為者」に対して「注視者」のほうが優位の立場にあるという解釈を示した。この解釈に依拠してベイナーは、アーレントが伝統的形而上学的な行為に対する観照の優位の立場に後退してしまったと批判する。彼によれば、「行為者」と「注視者」は、「活動的生」(vita activa)と観想的生(vita contemplativa)の間の緊張」の中にある(LKPP, 140)。アーレントは判断力の没利害性に固執するあまり、判断力を「活動的生」から切り離してしまった(LKPP, 139–140)。その結果、反省的判断力による過去の行為の救済は「悲劇との和解」(LKPP, 143)として、ある特殊な危機的瞬間にしか効力を持つことができない。したがって「注視者」の役割はきわめて限定的であり、日々の政治行為と乖離している、というわけである。ベイナーはこのような解釈のもとで、晩年のアーレントによる「注視者優位」の議論は、彼女が『人間の条件』等で積み重ねてきた活動的生の判断力論から乖離し、主客二元論的な形而上学の伝統へ逆行してしまったと厳しく批判するのである。ベイナーのこのアーレント批判は、現代の政治哲学の領域において、今なお強い影響力を持っている。(21)

だが筆者の考えでは、ベイナーはアーレントの議論の本質を見失っている。ベイナーへの反論の有力な手がかりとして、ヴィラのアーレント解釈[22]を取り上げることにする。ベイナーは「注視者」の思考と「行為者」の行為を、理論と実践の目的－手段関係と解釈した。これに対してヴィラは、思考と行為と判断が、それぞれが独立していると同時に相互に条件づけあう関係にあると主張する。後述するように、「行為者」と「注視者」は、それぞれが自身のパースペクティブから固有の役割を果たすというまさにそのことによって、自分たちの政治的諸行為が行われる場である政治的空間を、行為遂行的に顕在化させるのである。

そこで次に、「注視者」が政治的空間の顕在化のために果たす役割を、三点に絞って詳細に検討する。

ヴィラによれば、第一に、「注視者」の行う思索は、自由で新しい政治的行為が生まれる空間そのものの条件である。[23] 批判的思考は、固定化した概念、習慣、偏見をいったん「宙吊り」(suspending)[24] 状態に置く。このように「宙吊り」状態にすることによって、判断を行う者が私的な利害関心、例えば自身の属する共同体の経験的諸条件から解放され、注視されている行為について自由に判断を下す準備が整うのである。筆者の見解では、批判的思考による「宙吊り」状態とは、現象学的エポケーをアーレントの政治哲学の中で解釈したものである。[25] またアーレントの言う「注視者」の没利害性とは、この「宙吊り」を意味している。したがってヴィラ説による「宙吊り」状態とは、ベイナーが批判したように現象から断絶することではなく、むしろ政治的現象それ自身へ向き合うことであり、政治的現象が生まれる空間そのものを準備するのである。

第二に、「注視者」の行う思考は、伝統的な哲学的思索による独我論的な形而上学的内省ではなく、社会の既成概念を破壊することで新たな意見が生まれる空間を生み出す批判的反省である。言い換えれば、それは世界から遠ざかる内向きの思考ではなく、世界を開いていく視野の広い思考である。ただし、アーレントが『判断力批判』から継承した「視野の広い考え方」は、ハーバーマスのコミュニケーション理論にみられるような理性的合意形成を目的とするものではない。また反省的判断力による批判的思考は、「唯一の真理」をもたらすものでも、「アルキメデスの点」を提供するものでもない。反省的判断力の諸主体は、「私にはそう現れている」(it appears to me)ものとしての「意見」(doxa)を多角的に批判することによって、「意見」にそのつどの真実性(truthfulness)をもたらすのである。[26]ヴィラは、人々が討議や熟慮の機会をもてばもつほどその道徳的地平は広がり合理的な合意に到達する可能性がますます高まるという(楽観的な)見解には与しない。なぜなら、「意見」は歴史的かつ多元的な条件のもとにある以上、論理必然的な「理性の真理」ではありえないからである。したがって、話し合えば話し合うほど、「意見」がますます一致しなくなるという可能性がつねにありうる。ヴィラは、こうした複雑な現実を冷静に把握しながら、政治的判断が、構想力によって生み出される「創造的な活動」である点を強調する。様々な「意見」は、語る人々の多様さのあらわれである。そのため、「意見」の是非は、特殊から仮説的に意味を引き出し判断を下す反省的判断力によってそのつど判定されざるをえないのである。

第三に、ヴィラの見解によれば、次のことが明らかになる。「行為者」と「注視者」の関係は、「二つの根本的に異なる種類の判断」の対立を、すなわち「関与的で政治的な判断と、公平で歴史的な判断の対立」を意味するものではない。むしろ、「行為者」と「注視者」の関係の在り方は、政治的判断力の真実性を支える二つの極とみるべきである。[27]「注視者」の判断は、語られる出来事から距離を取ると同時に、それ自体一つの特殊な「意見」でもあり、他の人々の判断を必要とする言論行為を意味する。[28] 歴史の中で生きる人間は、一方で、行為者としてゲームに参加し、同時にゲームから距離を取ることができるのである。[29]

上記のヴィラの論述の意図は、次の通りである。「注視者」は、一方で、過去の「行為者」の行為に向けて反省的判断を行使するという意味で、出来事から遠ざかっている。他方で、「注視者」は自らも歴史の中にあり、ひとつの政治的世界の中で、自らの判断を他の「注視者」に向けて「意見」として言明している。すなわち、過去のある出来事についての「注視者」の判断は、同時に現実の他者に向けた「行為者」の「意見」となるのである。したがって、「行為者」と「注視者」は、別々の能力を行使しているのではなく、同じ能力を別々の観点から使用しているのである。言い換えれば、「行為者」と「注視者」は同じコインの裏表の関係にある。つまり、ある事柄に関する「注視者」は、同時に自らの「意見」によって作りだされた論争の当事者であり、「行為者」である。そしてこの「行為者」の「意見」は、他の「注視者」たちから判断されることによって、はじめて一つの「意見」として世界の中で意味を持つことができるわけである。

上記のヴィラの議論は、「行為者」と「注視者」の固有性を主張するとともに、両者の整合的な解釈を試みるものである。この点でヴィラのアーレント解釈は、筆者の見解と基本的に一致する。ヴィラ説の主張は次の四点に要約することができる。第一に、「注視者」は反省的判断力によって、日常的慣習を現象学的な「宙吊り」状態にし、それによって「行為者」の「意見」が自由に現れることを可能にする。第二に、「注視者」は「行為者」の「意見」について反省的判断を行うことで、その「意見」に真実性をもたらす。第三に、「注視者」の歴史的諸判断もまた、一つの「意見」であり、その「意見」の意味は政治的空間における他者の判断によって、そのつど歴史的にあらわになる。第四に、「行為者」と「注視者」は、政治的判断力という同じ能力を異なるパースペクティブから使用している。したがって両者の在り方は断絶しているのではなく、むしろ共通の事柄についてひとつの世界を共に創りあげているのである。

筆者の見る限り、ヴィラ説の意義は、次の三点を明らかにしたことにある。第一に、アーレントにおける「行為者」と「注視者」は、共に政治的判断の主体である。第二に、政治的言論空間は「行為者」と「注視者」の関係性の中から現出する。第三に、政治的判断の没利害性が、政治的真実性の条件である。したがって、アーレントにおける政治的対話と判断の営みは、政治的行為の合理的基盤の構築を目的とするものではなく、政治的思考、行為、判断の継続それ自身を目標としている、と言ってよい。すなわち、ある新しい事柄について既存の基準を疑う批判的思考と、自らの思考を「意見」として他者に向けて語る行為と、他者の「意見」の意味についての判断が、歴史的有限性の中で生きる人々によって行われることで、政治的言論空間はそのつど実現し、持続しうるのである。

ヴィラのアーレント解釈は、「行為者」と「注視者」の相互転換を明らかにしたという点で、ベイナー説の欠点を克服する優れたものである。他方、ヴィラによるアーレント解釈上の論述の不十分な点にも触れておきたい。それは、政治的真実性とリアリティの関係について、ヴィラがほとんど触れていない点である。筆者の見解では、政治的「意見」の真実性は、「政治的生」のリアリティと切り離して考えることはできない。なぜなら、次節で詳述するように、政治的真実性は、「政治的生」の空間の中で現れる「事実の真理」に現実性をもたらすものであり、その意見を発する人々に存在のリアリティを与えるものだからである。

以上、ヴィラによるアーレント解釈を手がかりにして、政治的空間における「行為者」と「注視者」の立場が現象学的にみて相互に転換しうる可能性を明らかにした。そこで次に、この解釈に基づいて、アーレントの政治哲学の喫緊の課題の一つに迫ってみたい。それによって、ベイナー説では明らかにできなかった「注視者」のアクチュアリティが明らかになるだろう。

第五節　ドクサの真実性とリアリティ――オルコウスキー説の検討

ここでは、前節までの研究成果をもとに、「行為者」と「注視者」の間で生じる政治的「意見」の真実性と、「政治的生」のリアリティの関係性を明らかにする。アーレントが十分明らかにできなかった「行為者」と「注視者」の関係をめぐる現象学的解釈は、現代社会の中でどのような積極的意義を持ちうるだろうか。筆者は、オルコウスキーの議論を手がかりとして、「政治的生」の空間における「行為者」と「注視者」の重要性を明らかにする。

オルコウスキーは、論文「政治は哲学の最上の形式であるか」[30]において、歴史の中で隠されてはならない出来事が、「行為者」と「注視者」の間で生まれた公的空間の中であらわになる過程を描いている。その「範例」として、彼女はボスニア・ヘルツェゴビナ紛争における「民族浄化」の虐殺に対する裁判の事例を提示する。オルコウスキーは「事実の真理」(BPF, 223–259) というアーレントの概念を用いて、政治的出来事の真実性の「滑り落ちやすさ」について議論を進めている[31]。

まずアーレントの政治哲学の文脈では「事実の真理」とは、伝統的真理観に基づく「理性の真理」とは対照的に、現象の世界の中で語られる「意見」の真実性を意味する。先述したように、政治的出来事は、つねに「私にとってそう見える」(doxei moi) 事態であらざるをえない (BPF, 233)。アーレントは、政治的出来事の真実性と趣味判断の主観的普遍妥当性との間に類比的関係を見出していた。カントは「趣味については論争されることができる（たとえ論議されることができないとしても）」(*über den Geschmack läßt sich streiten* (obgleich nicht disputieren)) (V338)[32] と述べていたが、アーレントによれば、政治的出来事についても上記のカントの論述と同様のことが言える。政治的出来事の真実性について規定的判断を下すことはできない。しかし、相互の意見の一致や理論的合意形成が成立しなくとも、出来事を語る者の言明が説得的であるか否かについて、複数の人々の間で批判的吟味を行うことは可能であるというのが、アーレントの主張である（BPF, 237）。

アーレントの意図は、人間の合意によって変わりうるものと、けして変えることのできないものの境界を明確にすることにあった。言い換えれば、それは、時間性と空間性に制約された人間存在の有限性を自覚することである。論理的・客観的な「理性の真理」は、いつの時代のいかなる場所でも必然的に妥当することを要求する。ところが政治的な事柄は、多様な個々人の偶然的な衝突や交わりの中で生起するものであり、不変の真理によって説明することができない。もしそれにもかかわらず、必然的真理によって政治的方向性を定めようとすれば、そこには「さまざまな政治のユートピアに見る「真理」の僭主政治国を樹立するかもしれ」ず、そうした「真理」の支配は「専制の形式と同じく暴政的」なものになるだろう、とアーレントは警鐘を鳴らしているのである。言い換えれば、客観的概念や論理的合理性を、強制力を持った政治的規範としてしまう方法は、「意見」をイデア的な「真理」と錯覚し、その「真理」に同意できない人々に「真理」への従属を強いる暴力へと転じてしまう危険性があると言える。

したがって政治的「意見」にそのつど真実性を与えることができるのは、「意見」を述べる「行為者」と、その「意見」について批判的判断を下す複数の「注視者」による、発話と聴取の相互的活動のみである。

要するに、アーレントの政治哲学における「意見」の真実性の意味は、次の二点に分節化できる。第一に、人々の間で現れる意見が多様な人々の間で吟味されることで得られる、多元主義的な真実性である。第二に、今・ここに「意見」が実在すること、すなわち「意見」を語る「行為者」が人々の間で、今・ここに事実として現れていることの真実性である。なお第二の意味での真実性は、本書第一章で論じた政治的生のリアリティの問題と深く結びついている。

さらにオルコウスキーは、「行為者」に関する新たな解釈を提起している。彼女の解釈によれば、「行為者」の独創性とは、天才的で英雄的な行為を行った者だけではなく、ある一つの出来事を体験し、それについて公的な法廷の場で当事者として証言する人々を含んでいる。すなわち、ある政治的出来事が「事実の真理」となるためには、共通の体験について様々な立場から証言する「行為者」たちと、これらの証言について判断する「注視者」たちが求められるのである。「事実の真理」は、「注視者」たちを要求すると同時に、「あるひとつの真実の語り手」(a truth teller)[33]を要求する。真実の語り手とは、「政治的空間における行為者としての天才」[34]である。ボスニア紛争の事例においては、市民、軍人、医師、ジャーナリスト、政治家等、様々な立場からなる「語り手」たちが、各々のパースペクティブから法廷で自分の体験した出来事について証言し、裁判官や傍聴人たちと共に一つの判決(judgment)を作り上げていく過程が描かれている。

筆者の解釈によれば、上記のオルコウスキーの議論は、意見の「真実性」と、その「意見」によってあらわになる歴史的出来事のリアリティを結合するものである。すなわち、ある「行為者」の「意見」が公の場であらわになることとは、その「意見」が多様なパースペクティブの中で真実性をもつことであると同時に、その「真実」が隠蔽されることなく人々の間で立ち現れることを意味するのである。

オルコウスキーの論述についてアーレント解釈の論争状況から見て重要であるのは、判断の行われる場が、公平性と公開性を持った批判的空間でなければならないとされている点である。なぜなら、もしも「語り」が隠された非公開の場でなされるとしたら、あるいは語り手や聴衆が特定の立場に偏った利害関心の下で意見を述べるとすれば、そこで行われる「語り」と判断からは、他者の賛同を期待できる真実性が失われるからである。先述したように、ベイナーは、「注視者」の没利害性が判断力と現実世界とが乖離する原因であると解釈したが、オルコウスキーの議論によれば、むしろ判断力の没利害性こそが、諸行為に真実性とリアリティをもたらす必要不可欠な条件なのである。

筆者の見解では、上記のオルコウスキーの議論は、以下の四つの意義を持つ。第一に、オルコウスキーは、「事実の真理」の真実性とリアリティが不可分の関係にあることを示唆した。第二に、カントの天才と趣味の関係とアーレントによる「行為者」と「注視者」との類比的関係に着目することによって、「事実の真理」が「行為者」と「注視者」の関係性の中であらわになることを明らかにした。第三に、「行為者」と「注視者」の相互関係を用いて、現代社会の具体的事例を分析するという意欲的な試みを行った。第四に、ある出来事を体験した証言者が独創的な「行為者」に含まれるという新しいアーレント解釈の視点を提示した。

特に最後の点については、アーレントの「行為者」概念に対してしばしば向けられてきた、アーレントの政治哲学は英雄崇拝的なエリート主義ではないかという批判、すなわち、特別に際立ったエリートたちにのみ「現れの空間」への参加資格があるのではないかという批判[35]に対して、有効な反論となりうるであろう。なぜなら、アーレントにおいて行為の独創性あるいは卓越性としての「天才」性は、けっして先天的な才能ではなく、そのつど言葉を発する「行為者」たちの「意見」の唯一性と代替不可能性を意味するからである。この唯一性と代替不可能性は、「行為者」の体験とそれに関する語りの場の歴史的一回性に依拠している。すなわち、何か特別な才能を持ったものだけが「行為者」たりうるのではなく、「今・ここ」で生き、「今・ここ」に偶然的に集った人々に向けて自身の生の体験を語ることが、「行為者」の「意見」の唯一性と代替不可能性を生むのである。したがって、証言者の語りの独創性あるいは卓越性は、証言者の反復不可能な生の体験と、その体験を語る場所としての公的空間の一回性から生じると、解釈することができる。

以上のように、オルコウスキーは、これまで見過ごされてきた「行為者」の「天才」性について、現代の具体的な政治的事例と照らし合わせて、証言の真実性とリアリティという観点から分析を試みた。ただし、彼女の着眼は優れたものであるが、残念ながら、次の点で不十分である。端的に言えば、彼女は、「裁判」という法的制度に議論を限定しすぎている。先述したように、「行為者」と「注視者」は、人間の言論空間という意味での政治的空間そのものが成立する条件である。「行為者」と「注視者」は、相互に同時に条件づけあうことによって、「政治的生」の空間そのものを生み出している。オルコウスキーの研究は、こうした重要な論点を見逃していた。

筆者の解釈によれば、あるひとつの出来事は、「行為者」たちの証言が開かれた公平な場で語られ、批判され、判断（judgment）が下されることによって、初めて「現れの空間」にもたらされ、明るみに出ることができる。そこでは、ひとつの出来事が新たに「出生」する。言い換えれば、「行為者」たちの証言が公的な場で語られることがなければ、あるいは「注視者」たちによって判断が下されることがなければ、例えば虐殺という出来事とそれを体験した人々は、永遠に世界から疎外されたままになっていただろう。「組織的な嘘」という暴力は、自由で公平な言論空間を破壊し、政治的事実のリアリティそのものを破壊するのである（BPF, 247–248）。

「真実の語り手」としての「行為者」は、出来事の「始まり」であり、産出者であり、その意味で「天才」性をもつ。「事実の真理はただ、語られる事柄の拡がりの限りでのみ実在する[36]」。すなわち、「事実の真理」は、様々な「真実の語り手」たちの唯一的な語りと、政治的共通感覚を持った「注視者」たちのまなざしによってのみ、初めて「出生」することが可能になるのである。「行為者」と「注視者」の営為は、現代を包み込んでいる虚無主義的な事態に対して、「政治的生」の自由と顕現を可能にするという意味で、きわめて重要な意義を有している。

第六節　政治的出来事の顕現と隠蔽

以上の考察から、「天才」と「趣味」の関係と「行為者」と「注視者」の関係の類比性が明らかになった。それによって、「行為者」と「注視者」の相互転換構造が示された。さらに、「行為者」と

「注視者」の間でそのつど現象するのが「政治的生」の空間であり、共通感覚が「行為者」と「注視者」の両者が同じ世界に関わることを可能にする働きであることが明らかになった。また、「行為者」と「注視者」の間でのみ、ある唯一的な出来事の真実性とリアリティが顕在化することが示された。

本章の最後に、「行為者」と「注視者」の相互関係について、さらに一歩考察を進めたい。

先述したように、「行為者」は「注視者」に向けて行為を始めることで、「注視者」もまた「行為者」の声を聴くという行為を始めることで、共通世界をともに行為遂行的に形成する。したがって、「行為者」と「注視者」はお互いを同時に現象させるという関係にある。「行為者」と「注視者」は、どちらかがどちらかに先立つという原因結果の関係にあるのではなく、「行為‐聴取」の関係性が成立した瞬間に、同時に互いを現象させる。その意味で、「行為者」と「注視者」は現象学的な「共‐起源的」関係にあると言える。

だが、この説明だけでは、まだ十分に「共‐起源的」の意味を理解したことにはならない。そこで天才と趣味の関係が、「行為者」と「注視者」の関係に似ている、という点に今一度立ち戻り、「共‐起源的」関係の意味をより深く明らかにする。

先述の通り、天才と趣味は、「構想力」と「共通感覚」という共通の起源を持っていた。では、「行為者」と「注視者」の「同じ共通の起源」とは何だろうか。それは、他者の立場を想像する構想力と、他者と世界を共有する感覚としての「共通感覚」である。言い換えれば、他者と共に世界を現象させる能力としての「共通感覚」である。

ベイナーによる「注視者優位」というアーレント批判は、筆者のみるところ、「行為者」と「注視者」の両者の間に時間のギャップがあるという解釈に根ざしていた。換言すれば「過去と未来の間のギャップ」であり、行為と反省とのギャップである。すなわちベイナーは、「注視者」は、未来という反省的立場から過去の「行為者」の意見を判定する上位者である、と考え批判したのである。だが、ヴィラやオルコウスキーの研究成果を踏まえて言えば、「行為者」と「注視者」の「共‐起源的」関係は、過去と未来の断絶を表すのではなく、今・ここに政治的生の空間を現象させるものである。それがたとえ、歴史家が過去の出来事を評価する場合であっても、それは未来の歴史家が一方的に過去の行為に意味を押しつけるわけではなく、残された「言葉」に新たに生気を吹き込み、今・ここで「行為者」と「注視者」という関係が立ち現れ、対話が行われるのである。人間の政治的生の空間は、「行為者」と「注視者」の相互の存在を絶えず「現象」させ「あらわに」させる場であり、その意味で、現象学的な「共‐起源的」関係にある、と言えよう。

このような解釈が可能であるとすれば、「行為者」と「注視者」の「共‐起源的」関係は、その根源にある政治的共通感覚に依拠して政治的出来事を現象させあらわにする一方で、政治的出来事の「隠れやすさ」の原因でもあるといえる。というのも、行為と聴取の相互活動が行われなくなったとき、政治的生の空間はたやすく忘却され、隠蔽されてしまうからである。

この事態は、前節の考察からも明らかである。オルコウスキーが指摘したように、複雑化した現代社会においては様々な政治的出来事が隠され、いまも隠蔽されつつある。あるいは、過去の出来事に注意が向けられなくなり、忘れ去られようとしている。アーレントは、「事実の真理」の隠蔽は存在論的な危機であることを繰り返し主張する。

問われているのは、存続、存在の持続（in suo esse perseverare）である。〔中略〕「存在するものを語ること」（レゲイン・タ・エオンタ）を進んで行う人々がいなければ、およそ存続できないであろう。存在するものおよび存在するがゆえに人々に対して現象するものを、進んで証言する人々がいなければ、永続性や存在の持続は考えることさえできないのである。（BPF, 225）

この引用文が示すように、アーレントの「行為者」と「注視者」をめぐる現象学的議論は、過去の悲惨な出来事とその悲惨さに抵抗した人々の行為と語りを「存在しなかったこと」にしてはならない、という自身の体験に根ざした切実な問題意識のもとに論じられている。だが、多様な真実の「語り」は、つねに世界から消滅させられる危機に瀕しているのである。

事実と出来事——共に生き共に行為する人々の変わることなき帰結——は、政治の領域の組成を構成する当のものである。〔中略〕事実の真理が権力の攻撃から生き残るチャンスは、実に微々たるものである。事実の真理は、一時的ばかりか潜在的には永遠に、世界から抹殺される危険につねにさらされている。（BPF, 227）

この引用文で、アーレントは、政治的領域における「事実の真理」が多くの場合、暴力的な恣意性のもとに隠されてきた歴史を示唆している。そのうえ、ある物語を語ることは、同時に他の事実や物語を隠すことになる危険性を孕んでいる(37)。

しかし、アーレントが主張したように、歴史から隠された出来事を多様な立場から物語ることによって、それらを歴史の忘却から想起させ、「政治的生」の場に現象させる可能性もまた、開かれているのである。したがって、アーレントの提示した現象学的な「行為者」と「注視者」の営為は、現代社会における人間の生にとって、不可欠の政治的行為であると言える。

注

（1） Cf. Marieke Borren, 'A Sense of the World': *Hannah Arendt's Hermeneutic Phenomenology of Common Sense*, International Journal of Philosophical Studies, vol. 21, no. 2, 2013, pp. 225–255.

（2） Ronald Beiner, *Political Judgement*, Chicago 1984.（『政治的判断力』浜田義文監訳、法政大学出版局、一九八八年）

（3）「事実の真理」（veritates facti）とは、「理性の真理」（veritates rationis）と対になる概念である。「事実の真理」は偶然的真理であり、「理性の真理」は必然的真理である。これらは、もともとはライプニッツが用いた概念であるが、アーレントは自身の政治哲学の中で読み換え、独特の意味をもたせている。まずライプニッツの文脈では、これらの概念は次のような意味をもつ（『ライプニッツ読本』酒井潔・佐々木能章・長綱啓典編、法政大学出版局、二〇一二年、四七頁、二一〇—二一二頁を参照）。「理性の真理」とは、その反対が矛盾を含む真理であり、永遠不変の必然的真理である。たとえば「A＝A」や「2＋3＝5」は、主語と述語が同一であるか、主語に述語が含まれており、したがってどのような可能世界でも必ず真である。それに対して「事実の真理」とは、その反対が矛盾を含まない真理であり、時間的・空間的に制約されている。たとえば「カエサルはルビコンを渡る」「アダムは罪を犯す」「ユダはイエスを裏切る」といった命題は、主語に述語が含まれるか否かを分析すると無限に先に伸びていき、証明できない。「カエサルがルビコン川を渡らなかった世界」を想定することは十分に可能であり、ある可能的世界では真、別の可能的世界では偽となりうる。もっともライプニッツの場合、「事実の真理」もまた、最善の世界を創造した神の「理性の真理」、すなわち充足理由律のもとに収束していくが、アーレントの場合はあくまでも現象の世界にとどまる点に注意すべきである。アーレントの現象学的政治哲学における「事実の真理」の意味については、本文で詳述する。

（4）多文化社会の現代は、アーレントの言う「手すりなき思考」の時代である。リチャード・J・バーンスタインは、R. J. Bernstein, *The New Constellation : The Ethical-Political Horizons of Modernity/Postmodernity*, MIT Press, 1992（『手すりなき思考——現代思想の倫理‐政治的地平』谷徹・谷優訳、産業図書、一九九七年）の日本語版への序文の中で、この言葉について説明している。

彼女〔アーレント〕は「手すりなき思考」について語った。この言葉でもって彼女は、「柱も支柱も、基準も伝統も必要としないで、見知らぬ大地を自由に松葉杖なしに動きまわるような、新たな種類の思考」を言い表わした。アーレントの信じるところでは、二〇世紀の出来事は、われわれの思考をガイドすべき固定された基礎といった類のものを、すべて問いにかけさせたのである。

（前掲訳書、六頁）

バーンスタインは、近代以降の西洋哲学における「究極的な基礎の探求」の試みが失敗し、すべての判断根拠が相対化されたことによるニヒリズムの不安の中で、それでも私たちは思考や判断を行っていかなければならないことを強調している。私たちは、自己の判断の確実性につねに疑いの目を向けながらも、なんらかの判断基準、正当性、批判の土台、方向づけを検討していかねばならないのである。「ハンナ・アーレントがかつて述べたように、われわれは手すりなしで思考することを学ばねばならないのである。確実性と確信の根拠を追放せねばならない」と、彼は結論部でアーレントへの共感をあらわしている（Bernstein, 1992, p. 319）。さらにバーンスタインは、デリダやハイデガーをハーバーマスと対比させながら、私たちに求められるのは、暴力的な形での普遍主義にも、自民族中心主義にも陥ることなく、他者の声を「本当に聞こうとする積極的な気持ち、真に他なるもの、異なったもの、異他的なものを理解しようとする積極的な気持ち、みずからの大切な先入見を危険にさらす勇気」であると主張する（ibid., p. 51）。上記のバーンスタインによるアーレント解釈と、筆者は立場を同じくする。

（5）　Otto Schlapp, *Kants Lehre vom Genie und die Entstehung der Kritik der Urteilskraft*, Göttingen 1901, S. 387–388.

（6）　Ernst Cassirer, *Kants Leben und Lehre*（1918）, Darmstadt 1977, S. 343.（『カントの生涯と学説』門脇卓爾・高橋昭二・浜田義文監訳、みすず書房、一九八六年、三四一頁）

（7）　佐藤康邦『カント『判断力批判』と現代――目的論の新たな可能性を求めて』岩波書店、二〇〇五年、一三六―一四〇頁。

(8) Alfred Baeumler, *Kants Kritik der Urteilskraft: ihre Geschichte und Systematik*, Halle 1923, S. 141–166.

(9) ガダマーは『真理と方法』の中で「カントにおける天才概念の意味は、美感的判断に対して〈超越論的意図から〉向けられる彼の興味を補うものにすぎない」と批判する。このカント批判は、後述するベイナーによるアーレント批判とも共通点がある。Hans-Georg Gadamer, *Wahrheit und Methode* (1960), Tübingen 2010, S. 60.

(10) カント研究においては、観照的美学としての趣味と創造的美学としての天才の整合性が問題となった。同様に、アーレント研究においては、観想的生の中にある「注視者」と、活動的生を遂行する「行為者」が対立関係にあると批判がなされてきた。これに対して本書は、第三節で詳述するように「行為者」と「注視者」の間に対立は生じないと主張する。

(11) 例外として三木清による研究がある。三木は政治的天才としての英雄を、『判断力批判』における天才概念と重ね合わせている。ただし三木の政治的天才の概念は、後述するアーレントによる多元主義的な天才概念とは明確に異なる。詳細は以下を参照。三木清「天才論」『哲学ノート』所収、河出書房、一九四一年、三三―五二頁。

(12) 以下の要旨は、主として次の文献に依拠している。三木清『構想力の論理』第四章「経験」第一五節（初出『思想』一九四三年四月発刊）、『三木清全集』第八巻、岩波書店、一九六七年、四一七―四三二頁。

(13) 共通感覚は、古代ギリシャの「コイネー・アイステーシス」（アリストテレス『霊魂論』第二巻第六章および第三巻第一章、第二章）に起源をもつ概念である。アリストテレスの場合、コイネー・アイステーシスは、まず第一に五感の統合としての意味を持つものであった。その後、コイネー・アイステーシスは、古代ローマ哲学の中で、市民的判断力としての「共通感覚」(sensus communis) という意味を与えられる。この意味での共通感覚は、デカルトの「良識」(bon sens)、一七世紀のシャフツベリ、ヴィーコにみられる倫理的・実践的思慮、スコットランド学派における市民的常識として受け継がれていく。それに対して、「諸感覚の統合」という意味での共通感覚を発展させたのが、ライプニッツ＝ヴォルフ学派のバウムガルテンらである。カントは『判断力批判』の中で、ライプニッツ＝ヴォルフ学派による統合的感性としての共通感覚論と、スコットランド学派の「常識」を、共に批判する。カントは美感的判断力の理念的規範として、自由な趣味判断を行う人々の間で形成される、共同体的感覚 (Gemeinschaftlicher Sinn) の考え方を提示する。本書の主題の中でもっとも重視すべきは、カントによる共通感覚論である。なぜならアーレントは、カントの美感的共通感覚を、自身の現象学的政治哲学の中で、政治的共通感覚として独自に解釈したからである。なお、共通感覚の概念史については、以下の文献を参照のこと。中村雄二郎『共通感覚論』岩波書店、二〇〇〇年。

(14) 美感的判断の「主観的普遍妥当性」(subjektive Allgemeinkeit) とは、以下のような意味である。美感的判断は客観的概念をもたないため論理的普遍妥当性をもたないが、共通感覚によって他者に同意を期待することができる。具体的には、以下のように説明することができる。私があるバラを見て美しいと感じたとき、私は個別的なバラの表象に「美しい」という主観的感情を結びつけたことになる。この感情それ自体は主観的なものであるが、にもかかわらず、その判断は他者に向かって賛同をあえて要求することになる。その判断が美感的判断である限り、それは他者を前提とした「社交性」に基づく判断となる。というのも、「荒涼とした島にひとり残された人間は、自分だけのために自分の小屋も自分自身も飾ることをしないであろう」(V298) からである。私たちは「このバラは美しい」という言明を行うとき、自分の趣味判断が特殊的なものだと自覚しつつも、自己と他者が類比的な美的感性を持っていると仮定して、自己の判断が他の人々にも共通して妥当することを期待する（V214）。カントは反省的で多元論的な判断力を趣味判断の根底に置くことにより、美の論理的客観主義と経験的相対主義の双方を回避することを試みる。アーレントはこうしたカントの反省的趣味判断の能力を、「間主観性（intersubjectivity）」の感覚であると解釈し、多元主義的な政治的判断力として評価したのである（LKPP, 67）。

（15）『判断力批判』における美的エゴイズムの克服の理論については、以下を参照のこと。牧野英二『遠近法主義の哲学』弘文堂、一九九六年、四四―四五頁。

（16）Cassirer, a.a.O., S. 343.（前掲訳書三四一頁）

（17）アーレントの出生概念については、以下の諸文献を参照。森一郎『死と誕生――ハイデガー、九鬼周造、アーレント』東京大学出版会、二〇〇八年。森川輝一『〈始まり〉のアーレント――「出生」の思想の誕生』岩波書店、二〇一〇年。

（18）アーレントは、判断力の自由を、言論および出版の自由としての公開性と結びつける。彼女は、カントの『思考の方向を定めるとはいかなることか』（1786）の中から以下の文章を引用し、「思考の自由」には公的な言論および執筆の自由が必要であることを論じている（LKPP, 40-43）。「言論や執筆の自由は当局者によって我々から奪われることがありうるが、しかし思考の自由は当局者によって奪われることはありえない、と言われる。しかしながら、もし我々が、自分の思想を他者に伝達し、また他者もその思想を我々に伝達するような、そうした他者との共同体の中で思考しなかったとすれば、我々はどれほどよく、またどれほど正しく、思考するであろうか。したがって我々は、人間からその思想を公的に伝達する自由を奪う外的権力は、同時にその者の思考する自由をも奪う、と言っても差し支えないであろう」（VIII 144）。こうした「思考の自由がなければ、天才の自由な羽ばたきもすぐに止んでしまう」（Ibid.）のである。以上のカントの論述からは、後の『判断力批判』における共通感覚の萌芽を見出すことができる。ただし『思考の方向』および『啓蒙とは何か』(1784) においては、「思考の自由」は理性の公的使用の自由とされるが、『判断力批判』においては構想力の自由とされる点に注意すべきである。あくまでもアーレントの政治哲学における公的空間は、構想力の自由によって形成される言論空間を指す。なおカントの公共性概念の概念史的考察に関しては、本書の主題とは異なるため、ここでは扱わない。

(19) 卓越性 (aretē, virtus、徳) は、古代ギリシャに端を発する概念である。まず、アレテーは元来、広義の「よさ」、「そのものに備わった能力」、「あるものが他のものと比べて際立って優れている部分」を意味していた。さらに、古代アテナイにおいて、ポリスにおける弁論の巧みさとしての政治的卓越性 (ポリティケー・アレテー) という意味が生じた。しかしソクラテス以後、アレテーは、特に、魂の道徳的徳を意味するようになる。プラトンは、魂の徳を、知性、勇気、節制、正義という四つに区分し、その内の知性を最上位に置いた。これによって、観想的知性が実践知の上位に置かれるという、西洋形而上学の伝統的な枠組みが形成される。こうした哲学的伝統に対して、アーレントは本来アレテーに備わっていた政治的意味に再び注意を向けた。アーレントの政治哲学におけるアレテーは、ポリス的言論空間における「行為者」の行為の卓越性 (excellence, Vortrefflichkeit) を意味する (HC, 48–49; VA, 61)。筆者の解釈によれば、政治的卓越性は、他の人々とともに活動する人間が、自由な言論行為によって、他者に向けて自らの独創性 (originality, Originalität) と差異性 (distinction, Verschiedenheit) をあらわにすることによって、はじめて顕在化されうる。ポリス的言論空間の中で活動する「行為者」の卓越性は、なんらかの性質や概念としての「何か」(What) として抽象されるわけではなく、行為そのものの遂行の中から生じるとらえがたい「誰か」(Who) として現れる (HC, 175–181; VA, 213–222)。すなわち、「行為者」の卓越性は、「行為者」と「注視者」の間でそのつど現実化する現象である。「行為者」の卓越性と自由については、以下の文献を参照。Cf. BPF, 142–169.

（20）芸術作品と政治的言論行為の区別は、『人間の条件』の文脈で言えば、「仕事」（work）と「活動」（action）の区別に相当する（HC, 167–174）。その上でアーレントは、パフォーマンス芸術を他の芸術作品と区別し、政治的空間における活動との親和性に注目している。アーレントは「自由とは何か」という論文の中で、パフォーマンス芸術が、活動と同様に、それ自身が現象するために観客の形成するポリス的空間を必要とすることを、以下のように論じている。「いかなる行為も至芸（virtuosity）の要素をうちに含み、また至芸はパフォーマンス芸術に固有の卓越性（excellence）と見なされるという理由から、政治はしばしば一つの芸術と規定されてきた。いうまでもなくこれは定義ではなく比喩である。したがってこの比喩は、人が国家や統治を芸術作品、集団の手になるある種の傑作と見なすありふれた誤謬をおかすならば、まったくの誤りとなろう。……それ〔制作された芸術〕とは反対に、パフォーマンス芸術は、実際、政治との強い親和性をもっている。舞踏家、俳優（play-actors）、音楽家などのパフォーマンス芸術家は、自らの至芸を示すために観客を必要とするが、それはちょうど、行為する人々が自らの姿を現すために他者の現前を必要とするのと同じである。いずれもその「作品」のために公的に組織された空間を必要とし、いずれもパフォーマンスそのもののために他者に依存している」（BPF, 152）。

（21）アーレントにおける理論と実践の対立と矛盾を論じたものとして、以下の文献がある。Cf. Jürgen Habermas, *Philosophisch-politische Profile*, Frankfurt am Main 1971; erweiterte Neuauflage 1991.（『哲学・政治的プロフィール（上）』小牧治・村上隆夫訳、未來社、一九八四年）Seyla Benhabib, "Judgment and the Moral Foundations of Politics in Hannah Arendt's Thought", in: *Judgment, Imagination, and Politics: Themes from Kant and Arendt*, edited by R. Beiner and J. Nedelsky, Lanham 2001. ただしベンハビブは、基本的にはベイナーの立場に依拠しながらも、さらに一歩進んだ議論を展開する。彼女は道徳哲学に関するアーレントの論稿に着目し、政治的判断力が「正しさと悪を見分ける能力」であることを析

出する。彼女はこの能力を「道徳的能力としての判断力」と名付け、政治的判断力が同時に道徳的判断力となりうることを指摘する（ibid., p. 184）。上記のベンハビブの着眼は卓越している。だが彼女は「行為者」と「注視者」の関係が対立状態にあると見なすベイナー的枠組みに依然として囚われており、その点で不十分である。

（22） Dana R. Villa, *Politics, philosophy, terror: essays on the thought of Hannah Arendt*, Princeton, 1999, pp. 87–106.（『政治・哲学・恐怖——ハンナ・アレントの思想』伊藤誓・磯山甚一訳、法政大学出版局、二〇〇四年）

（23）「ある特定の現象または出来事に対する判断は、思考の「副産物（by-product）」でありうる。しかしそれは、けっして判断が思考の直接的結果だからという理由ではなく、むしろ思考が、判断を可能にする空間をあらわにするからである」（Ibid., p. 101）。

（24） Ibid.

（25） ただし、アーレントの場合、「宙吊り」はフッサール的な超越論的主観性によって行われるのではなく、あくまでも構想力と共通感覚によって、他者とともに行われるものであることに注意しなければならない。

（26） Ibid., p. 103.

（27） Ibid.

（28） Ibid.

（29） Ibid., p. 106.

（30） Dorothea Olkowski, "Politics – The Highest Form of Philosophy?", in: *PhaenEx*, vol. 7, no. 1（spring/summer）, 2012, pp. 55–63.

（31） Olkowski, 2012, pp. 60–61.

(32) カントは『判断力批判』第一部第五六節にて、「論議すること」(Disputieren) と「論争すること」(Streiten) との違いについて、次のように説明している。「論議する」とは、「証明によって決定される」という意味である。それに対して「論争する」とは、「他の人々がこの判断と必然的に一致することを要求する」(傍点の強調は押山による) という意味である。すなわち、「趣味については論争されることができる (たとえ論議されることはできないとしても)」というカントの命題の意味は、次の通りである。何かについて「美しい」と判断する際、「美」という客観的概念に基づいて規定的判断を下すことはできない。しかし、それにもかかわらず、ある特殊な個物に対して「美しい」という反省的判断を下すことによって周囲の人々に同意を要求することが可能である。この要求は共通感覚に依拠して行われるため、要求への同意を他者に強制することはできない。あくまでも共通感覚は「理想的規範」(V239) であり、個別的な趣味判断に対し「範例的妥当性」(Ibid.) を与えるにすぎないのである。

(33) Olkowski, 2012, p. 60.

(34) Ibid.

(35) Cf. Benhabib, "Models of Public Space: Hannah Arendt, the Liberal Tradition, and Jürgen Habermas", in ed., Calhoun, *Habermas and the Public Sphere*, Cambridge 1992. また、上記のベンハビブによるアーレント批判の反論として、次のヴィラの文献がある。Cf. Villa, 1999, pp. 128–154.

(36) Olkowski, 2012, p. 60.

(37) J・バトラーは『触発する言葉』(Judith Butler, *Excitable speech: a politics of the performative*, Routledge, 1997. 邦訳『触発する言葉――言語・権力・行為体』竹村和子訳、岩波書店、二〇一五年) の中で、国家権力や巨大なメディアから流される「嘘」によって多様な人々の「現れ」が隠蔽され、政治的事実のリアリティが根底から危うくなる事態について論述している。「検閲」は、性的マイノリティや少数民族に関する発話行為に対し、国家が暗黙のうちに制限をかけることである。筆者のみるところ、上記のバトラーの論述は、アーレントから大きな影響を受けている。

第四章
「世界への愛」の現象学的解釈

第一節　「政治的生」の第二の条件――「世界への愛」

本章では、「政治的生」の空間が顕在化するために必要な第二の条件としての「世界への愛」（amor mundi）の現象学的意味とその働きを解明する。

第二章でも述べたように、「世界への愛」は、「共通感覚」とともに、自由で平等な人間関係の「網の目」（web）を創り出すことによって、「現れの空間」を現実化する働きであった。(1) また、アーレントにとって「現れの空間」とは、人間の複数性があらわになる場であり、人間の「政治的生」が現実化する場である。言い換えれば、「世界への愛」と「共通感覚」は、「現れの空間」と「政治的生」の現実化にとって「不可欠の条件」（conditio sine qua non）である。

筆者の解釈では、アーレントは「政治的生」を重視する観点から、「同胞愛」(fraternity, brotherhood, charity)[2]への対抗理念ないし批判的原理として「世界への愛」を提示した。しかし、なぜアーレントは「同胞愛」と「世界への愛」とを区別し、前者よりも後者を重視したのだろうか。ここでは、本章の主題との関連から、この疑問に対する暫定的な回答を与えておこう。

まず、「同胞愛」は、共同体の構成員の間の差異を同一性へと還元する構造をもつ。また、「同胞愛」が政治的領域を侵食することは、「現れの空間」の喪失をもたらし、人間の複数性と政治的自由を覆い隠す危険性をもつ。さらに「同胞愛」による「現れの空間」の喪失は、現代社会における様々な「他者の排除」を引き起こす根本的要因の一つである。それに対して「世界への愛」は、現代のこうした「同胞愛」的な社会構造の批判として、重要な意義をもちうる。[3]かつてアーレントは、主著となった『人間の条件』の執筆時期に、この書に『世界への愛』というタイトルを付すアイデアを抱いたことがあった。[4]それほど、「人間の条件」と「世界への愛」の概念は、アーレントの思索の中で不可分に結びついていたのである。

そこで「世界への愛」の意味を解明するために、本章では次の順序で議論を展開する。第一に、アーレントの「世界への愛」の概念をめぐる研究史を省察し、従来の諸研究の問題点を析出する。第二に、アーレントの「愛」の概念を三つに分節化することで、「同胞愛」と「世界への愛」との根本的相違を示し、「世界への愛」と「政治的友情」(political friendship)[5]の共通点を明らかにする。第三に、M・ボレンによるアーレントの現象学的解釈を通じて、「世界への愛」と「共通感覚」が、存在論的な「距離」(distance)と「接近」(engagement)という二つの働きによって「現れの空間」を現出させることの意味を究明する。第四に、ボレンによる「同胞愛」への批判的考察を手がかりとして、アーレントの「世界への愛」と「共通感覚」の意義と課題を解明する。

第二節　アーレント研究史における「愛」概念

従来の研究史を回顧すれば、アーレントの「世界」および「世界への愛」の概念は、主として三つの観点から解釈されてきた。

第一に、クリステヴァ[6]やキース[7]等による神学的アーレント解釈の立場がある。この立場は、アーレントの「世界への愛」が生物学的生(ゾーエー)と断絶しており、非身体的な政治的世界に永続性を与えるものであると分析する点に特徴がある。例えば、クリステヴァは、アーレントの「世界への愛」がアウグスティヌスの「愛」の概念に由来するものであることを強調する。クリステヴァによれば、アーレントの「世界への愛」は政治的領域に属するものであり、生物学的生の領域に属する身体的欲望を制御する役割をもつ。しかし、こうしたアーレントの「世界への愛」は、アウグスティヌスの「愛」の概念の影響下にあり、そのために神学的な要素を排除できていないため、現実社会に生きる身体的な存在者として人間の様々な欲望を抑圧するという点で大きな問題を孕んでいる。したがってクリステヴァは、アーレントが生物学的生の領域と政治的領域を区別した点を厳しく批判している[8]。

第二に、サンデル[9]に代表される共同体主義的アーレント解釈の立場がある。サンデルは、アーレントの「世界」が、共同体の中で人々を結合する絆の役割を果たしうることを主張し、個人主義的リベラリズムへの反証としている。[10]こうした共同体主義的アーレント解釈の立場は、アーレントの「世界への愛」の概念を共同体における基礎概念と理解し、多文化社会に生きる様々な民族や市民が共同体として結びつくための概念と考えている。だが、こうした解釈はアーレントが意図した「世界への愛」の本来の意味および「同胞愛」との区別を的確に把握しているとは言えない。

第三に、ベイナー[11]やベンハビブ[12]等によるカント的アーレント解釈の立場がある。ベイナーは、アーレントの「愛」(love) と「友情」(friendship) の概念を、カントの『判断力批判』の崇高論における「愛と尊敬の対立」と関係づける。[13]ベイナーによれば、アーレントの政治哲学の中には、アリストテレス的な「政治的友情」(philia politike) と非政治的「愛」との対立関係がある。[14]ベイナーによるアーレント解釈の主要な論点は次のようにまとめることができる。まず、「政治的友情」は、人々の間の距離を保ち、「世界」という政治的言論空間を形成する「冷静・沈着」な政治的判断力に依拠している。これに対して「愛」は、「ユダヤ人への愛」(Ahabeth Israel) のように「同胞愛」(fraternity) を意味し、そのために同胞以外の民族との間の友情の空間を崩壊させる危険性を持つ。ベイナーは、この愛と友情の対立関係を「愛と判断力の緊張関係[15]」とも言い換えている。しかし後述するように、ベイナーは、アーレントの「愛」の概念が「世界への愛」と「同胞愛」に区別されるという事実を見過ごしている。

総じて従来の諸研究は「同胞愛」と「世界への愛」との区別が不十分であったために、「世界への愛」が「現れの空間」そのものの条件であるという重要な論点が看過されてきた。また、後述するように、「世界への愛」と「共通感覚」が不可分の関係にあることが十分に理解されてこなかった。そこで本章では、従来のアーレント研究史で軽視されてきた論点について哲学的観点から現象学的に考察することで、「世界への愛」が持つ意義を明らかにする。

まず、ともすれば誤解されがちなアーレントの用語の特殊な意味について、あらためて検討することにしよう。すでに論及したように、アーレントの「政治的空間」とは、複数の人間が自由で平等な言論行為によって、互いの唯一性と異質性をあらわにする場である。また、政治的空間の中で行われる言論行為は「政治的生」の営みとされる。言い換えれば、「政治的空間」とは、人間が異質な他者とともに生きる自由が現実化する空間である。したがって「政治的空間」の喪失は、人間が自らの実存を世界へ現わす自由の喪失を意味することになる。

ところでアーレントは、「政治的生」の空間を、「世界」[16]とも言い換えている。「世界」は、ある共通の事柄について意見を語る人々と、その意見を解釈し判断を下す人々との間で共有される〈語りの場〉である。「世界」は、複数の異質な人々の間で共通の事柄について自由な語りと聴取が行われることにより、そのつど現実化される空間である（HC, 57–58; VA, 71–72）。

こうした理解に即して言えば、「世界」の現実化とは、政治的言論空間が潜在的状態から顕在的状態へと現れる事態を意味する。これまでの章でも述べてきたように、アーレントの政治哲学の特徴は、現実性と顕在性を同義として論じる点にある。このアーレントの見解は、伝統的な哲学の概念に即して言えば、デュナミスとエネルゲイアの概念の政治哲学的かつ現象学的解釈に依拠している（VA, 260–262）。アーレントによれば、「人間的かつ政治的に言えば、現実（Wirklichkeit）と現れ（Erscheinung）とは同一」（VA, 250）である。そして他者の間に「現れ」ることのない生は、動物として生存する感覚としての「生命感」（Lebensgefühl）は欠けていなくとも、他者との間で存在している感覚としての「現実感」（Wirklichkeitsgefühl）が欠如しているのである（VA, 250–251）。言い換えれば、前者は生物学的生（ゾーエー）の感覚であり、後者は政治的生（ビオス）の感覚である。[17] したがって「現れの空間」としての「世界」は、「政治的生」の「現実感」が顕在化する場である、と言ってよい。

以上の考察を踏まえて、筆者の解釈を結論的に言えば、「世界への愛」と言われるとき、「世界」はこの「政治的生」が顕在化する場を指すのである。アーレントは、「世界への愛」という概念によって、近代におけるキリスト教的「同胞愛」の排他的構造を批判した。「同胞愛」は、一方で共同体を結合するために必要な紐帯であり、人間の生物学的生存のために不可欠である。しかし他方で、「同胞愛」は、共同体の同一性に根拠をもつために、同一性を共有しない異質な他者を排除するという、構造上の問題がある。なぜなら「同胞愛」は自己と他者との間の「距離」を喪失させ、自己と他者の間の異質性を不可視化することで、個体を全体へと還元する同質的共同体を生じさせる危険性をもつからである。つまり「同胞愛」は、「現れの空間」を消失（disappear）させ、人間の複数性と政治的自由を覆い隠すのである。[18]

「同胞愛」に対して「世界への愛」は、人々を同一性で統合するのではなく、異質な人々の間で関係性を結ばせようとする。こうしてみると、「現れの空間」としての「世界」は、「同胞愛」によって隠蔽され、「世界への愛」によってあらわとなるという、現象学的構造を有している。しかし従来のアーレント研究では、「同胞愛」と「世界への愛」はしばしば混同して論じられてきた。そこで次に、二つの「愛」概念の相違点を踏まえて、さらに「世界への愛」の意味を分析することで、「世界への愛」がいかにして「現れの空間」としての「世界」を顕在化させるのかという疑問に答えたい。

第三節　「世界への愛」と「政治的友情」の共通点

アーレントは『政治の約束』の中で、「人間の世界は、つねに人間の世界への愛（amor mundi）の産物である」（POP, 203）と述べている。しかしアーレントは、この言明について、様々な著作の中で断片的な説明を行うにとどまっているために、その真意は必ずしも明らかではない。アーレント研究史上においても、上記の言明については十分な分析が行われていない。またアーレントは、本来政治的なものである「世界」の概念を、ともすれば「非政治的」な感情である「愛」と結びつけており、一見すると不自然である。したがって彼女の「愛」概念については、これまでに様々な誤解と批判が生じてきた。それゆえ筆者は、アーレントの上記の言明のあるべき意味を、「世界への愛」と「同胞愛」を区別することによって明らかにする。

本節では、次の手順で考察を進める。第一に、アーレントにおける「愛」の概念を分節化することによって、「世界への愛」の特徴を明らかにする。第二に、「世界への愛」と「政治的友情」との共通点を明らかにすることで、「世界への愛」が他者の異質さへの「尊敬」であり、この「尊敬」が「世界」の現出の前提条件であることを解明する。なお、以下の考察はあくまでもアーレントの政治哲学における「愛」概念の分析を目的としている。したがって、アーレントのアウグスティヌス解釈の妥当性や、キリスト教神学における「愛」(caritas)の概念史については、本書では立ち入らない。

まず、この課題に関連する国内の研究成果に目を向けてみたい。政治哲学者の千葉眞によれば、アーレントの「愛」概念は次の三つに分節化できる[19]。第一の愛は、「自己への愛」(amor sui)である。『アウグスティヌスの愛の概念』では、「欲望」(cupiditas)と呼ばれ、死によって消えゆく地上的なものへの愛を意味する(LA, 36)。この「欲望」は、『人間の条件』では、自己の生存と、自己の帰属する社会的共同体の維持への欲求と対応している。つまり、『人間の条件』の中で「労働」の原理となるのは、この「欲望」であると解釈することができる。

第二の愛は、「神への愛」(amor Dei)であり、人間的世界を超越した神へと向けられた愛である。『アウグスティヌスの愛の概念』では「愛」(caritas)と表現され、「永遠と絶対的未来」を追求するものである(Ibid.)。「神への愛」は、主として実存主義的宗教哲学の領域で問題となる概念である。なぜなら「神への愛」とは、俗世における自己保存の欲求を放棄し、現世の中で隣人を愛することによって、神への愛を間接的に示す意志であり、決断だからである。アーレントは、この点に関連して次のように述べている。「「愛」(caritas)は人間を絶対的未来に生きさせ、そうすることによって、かの世界――彼岸世界――の住人となすのである。人間が「愛」(caritas)に生きるとき、この世界は「住まい／故郷」(Heimat)となるのではなく「荒野」(Wüste)となり、この世界は空虚で、人間の求めるものとは疎遠なものとなる」(Ibid.)。「神への愛」にとって、世界は「荒野」であり、克服されるべきものである。「神への愛」が世界と関係するのは、「世界が「愛」の最終目的のために必要とされる場合においてのみ」(LA, 45)である。「神への愛」の観点から言えば、「世界」は最終目的である「神の国」に至る道程として「使用」される場合にのみ、意味を持ちうる。このとき人間は、世界の中で隣人を愛することによって、間接的に神への信仰を決断することになり、「神への愛」を示すのである。[20] しかし「神への愛」に基づく隣人愛は、「世界」が「神の国」の永遠性という目的のための手段として用いられている点で、次に述べる「世界への愛」とは根本的に異なる性格を持つ。

第三の愛は、「世界への愛」(amor mundi)である。この愛の意味がアーレントの中で明確になるのは、『人間の条件』以降である。[21]「世界への愛」は、現実に生きる人間相互の語りと聴取によって、人間関係の「網の目」としての世界を形成しようとする働きを意味する。アーレントの「世界への愛」は、伝統的なキリスト教神学における「隣人愛」でもなければ、近代の実存主義的神学における決断としての愛でもない。千葉の言葉を用いれば、「世界への愛」とは、「創造的な共通世界の形成を目指す人々の公的領域への積極的な参与を促す自発性の内面的源泉[22]」である。筆者の解釈によれば、「世界への愛」の政治哲学的意義とは、ある出来事について複数の異質な他者とともに意見を交わしあい、あるひとつの共通世界をそのつど共有することを望み、それを実現しようとする自発性にある。この点で「世界への愛」は、後述するように、「政治的友情」、「視野の広い考え方」、および「共通感覚」と共通した働きをもつと言える。

これら三つの愛のうち、アーレントの政治哲学の文脈で問題となるのは、第一の「自己への愛」と第三の「世界への愛」の二つの概念である。なぜなら、「神への愛」は現象の世界を超越しているため、政治的世界の文脈では主題的な問題にならないからである。『人間の条件』では、「自己への愛」は「労働」(labor) の領域である社会的領域での生物学的生への愛と同義的に扱われている。これに対して「世界への愛」は、複数の人々の「活動」(action) によって現象する「政治的生」への愛と同義的な意味で用いられている。

さらに筆者は、「自己への愛」が、家族的共同体の「同胞愛」の起源であると解釈する。なぜなら、「同胞愛」は同じアイデンティティを共有する共同体への愛であり、上述のように異質な他者を余所者として排除する構造を持っているからである。

アーレントにおいて、「同胞愛」の最も端的な事例は、アイヒマン裁判をめぐる論争にみられる。周知のように、アーレントは『イェルサレムのアイヒマン』(1963) の中で、アイヒマンを、自立した思考と判断力の欠如による「凡庸な悪」(banality of evil) の事例と表現し (EJ, 287–288)、さらに一部のユダヤ人がナチスの協力者であったという証言を採用したことで、「ユダヤ人への愛」が欠如していると、ユダヤ人コミュニティから厳しく非難された。この非難に対してアーレントは、一九六四年に行われたギュンター・ガウスとの対談の中で、次のように反論している。彼女によれば、個人的な関係に基づいた「愛」によって政治的言説を判断することは、「非政治的であり、世界を喪失している」(EU, 17)。筆者の見解では、この「ユダヤ人への愛」がアーレントの批判した「同胞愛」の典型にほかならない。

言うまでもなく、アーレントは「同胞愛」の重要性を全面的に否定したわけではない。彼女は、一方で、たしかに「同胞愛」の重要性を認めている。実際、アーレントは『暗い時代の人々』の中で、一八世紀的な「同胞愛」について、次のように肯定的に論じている。「同胞愛」は、「時代がある人々の集団にとって極端に暗いものであり、そのため世界から撤退することがもはや彼らの責任でも、あるいはかれらの洞察力や選択の結果でもなくなるような場合」に不可避的に生じる「親密な愛情」(brotherly attachment)(MDT, 13)である。すなわち、「同胞愛」は「世界疎外」の状況に追いやられた人々にとって、自身と自身に親しい人々を守り安定させるために重要な意味をもつ。しかし他方で、アーレントは、「迫害された人々が迫害の圧力のもとであまりにも近く互いに身を寄せあった結果」(Ibid.)、互いの間の「距離」が消失し、そのために「世界」が消失する事態を招くことに注意を促したのである。

では、なぜ人々の間の「距離」が消失すると、「世界」が消失するのか。世界のために必要な「距離」とは、いかなるものであろうか。この問題を解明するために、筆者はアーレントの「政治的友情」の概念を手がかりとする。アーレントの「政治的友情」は、アリストテレス的共同体主義にみられるような、ある特定の共同体の内部で構成員を結合させる原理や感情とは異なる。むしろアーレントの「政治的友情」は、自由な公的言論空間の中で、異質なアイデンティティに属する人々を結びつける働きである。そこで、この「政治的友情」の働きの意義についてさらに立ち入ってみたい。

筆者の解釈によれば、まず「政治的友情」は、共通の出来事に関する語りを行う人々の間で、偶然的にそのつど形成される連帯（Solidarität）[23]の感情を意味している。また「政治的友情」は、「世界の空間を間にはさんで眺めた人物への尊敬（respect）」（HC, 242–243; VA, 310）の感情を意味する。この「尊敬」は、人々を結びつけると同時に、自己と他者の差異性をあらわにする。なぜなら、「尊敬」は、一方で自己の関心を他者へと向けることで自他を関係づけると同時に、他方で自分と他者の間に「距離がある」こと、すなわち、自己と他者が異なることの自覚によって生じる感情だからである。したがって、「政治的友情」は、結合と分離という、一見すると相反する二つの働きを有している。

また、アーレントの「政治的友情」は人間存在の複数性と不可分である。この複数性は、「唯一性」と「差異性」とも言い換えることができる。『人間の条件』の中で、唯一性と差異性は次のように特徴づけられている。

第一に、唯一性は、行為者が自由で平等な言論空間としてのポリスの中で、他者に向けて自らの意見を語ることで、自身の独自性と他者との差異性をあらわにすることを意味する。第二に、行為者の語りは、行為者が「何であるのか」（what）すなわち行為者の「本性」や「性質」や「属性」を説明するものではない。第三に、行為者は、自らの思考と経験を「意見」（doxa）として語ることによって、自己と他者との間で自らが「誰であるのか」（who）を現前させるのである。

ここで重要なのは、次の点である。「誰であるのか」として語られる唯一性は、語る者と語りに耳を傾ける者の間で関係性が結ばれることで、そのつど生起する偶然的な現れであって、変化しない普遍的本質ではない。したがって行為者の異質性は、他者と共に語りを行う場としての「世界」がなければ、現れることが不可能である。異質な他者との間で行われる遂行的言論行為と、語りが行われる場としての「世界」がなければ、唯一性も異質性も消滅し、人間存在は等質的全体へと還元されることになるだろう。このことが、アーレントの危惧した「世界喪失」の意味する事態である。

「政治的友情」と「世界」の関係理解について、アーレント自身は、以下のように述べている。「ギリシア人にとって、友情の本質は対話の中にあった。彼らは絶えざる語りの交換だけが、あるひとつのポリスにおいて市民を結びつけると考えた」（MDT, 25–26）。筆者の見るところ、この言明は次のように解釈できる。「政治的友情」は異質な他者の「意見」への関心を引き起こすものであり、他者との対話によって「その人が誰であるのか」（who）をあらわにする場を創り出す。言い換えれば、「政治的友情」は、語りと聴取の関係性を現実化させることで、「世界」をそのつど現象させる。したがって「政治的友情」は、「世界」が現象するための前提条件である。この意味で、「政治的友情」と「世界への愛」が同じ役割をもつと解釈できる。要するに「政治的友情」と「世界への愛」は、多様な人々の間で形成される「人間関係の網の目」を結ぶことを企図するという点で、同じ働きなのである。両者は、自己と他者を共通世界の中で結びつけると同時に、各々の間の差異を際立たせ、それぞれの唯一性をあらわにする空間への参入を促す働きである。

第二節で述べたように、ベイナーはアーレントの「友情」と「愛」を、カントの『判断力批判』崇高論における「尊敬と愛の対立」と関係づけて、「判断力と愛の緊張関係」であると論じた。筆者は、「尊敬」を政治的判断力と類比的にとらえる点では、ベイナーと理解を共有している。しかし、政治的判断力を「愛との対立」として単純に図式化することはできない。なぜなら、これまで考察してきたように、アーレントの「愛」の概念には「同胞愛」と「世界への愛」という根本的な区別が存在するからである。したがって、アーレントの「愛」の概念には、「尊敬と愛の対立」ではなく、「世界への愛」と「同胞愛」の対立関係があるといえる。

アーレントの「政治的友情」と「世界への愛」は、アーレントが『カント政治哲学の講義』の中で論じた「視野の広い考え方」と結びついている。すでに第二章で考察したように、「視野の広い考え方」は、自己の利害関心と距離を置いて他者の立場を考慮にいれる能力であり、構想力と共通感覚の働きを意味する。人間は、この「視野の広い考え方」によって、はじめて「世界」の中で異質な他者とともに関係し相互に討議しあうことが可能になる。

他方、アーレントは、世界から疎外された人々による憎しみと「同胞愛」への傾倒が、「共通感覚」の喪失をもたらす事態について、次のように述べている。

〔同胞への親密な愛情は〕われわれが世界に応答するために必要なあらゆる器官——われわれ自身と他の

人々とが共にする世界の中にわれわれ自身を位置づける共通感覚（common sense）に始まり、われわれが世界を愛するのに必要な美感的趣味の感覚――の、恐るべき退化を伴う。（MDT, 13）[24]

この引用文の中で注目すべきは、アーレントが「共通感覚」と「世界を愛するために必要な感覚」とを同義的に用いている点である。千葉はこの点に注目して、次のような解釈を提示した。千葉によれば、「共通感覚」によって政治的判断を下す「注視者」は、歴史的現実の中で判断を行うことで、没利害的な「世界への愛」を具体化することが可能になる。[25]千葉のこの指摘は示唆的である。筆者のみるところ、「共通感覚」と「世界への愛」は、異質な他者とともに対話を行う働きである点で共通している。すなわち、「共通感覚」と「世界への愛」が相互に働きかけることによって「世界」を現出させる構造が見てとれる。

要するに、「世界への愛」の意義は、次のように分節化することができる。第一に、「世界への愛」と「政治的友情」は、ともに他者の異質さへの「尊敬」を表しており、人間存在の唯一性をあらわにする働きをもつ。第二に、人間存在の唯一性と差異性は、けっして単独で現れるのではなく、「世界への愛」によって形成された複数の人々の語りの場でのみ、生起することが可能である。言い換えれば、「世界への愛」は、異質な他者から「距離」をとりながら、同時にその異質な他者へと「接近」するという、対照的な二つの働きを持っているのである。

第四節　「距離」と「接近」のパラドクス――ボレン説の検討

本節では、「世界への愛」のもつ「距離」と「接近」の働きが、「現れの空間」としての世界が顕在化するために不可欠であることを明らかにする。そのために筆者は、ボレンによるアーレント解釈[26]を手がかりとしたい。というのも、ボレンは、アーレントの「世界への愛」を現象学的に解釈することで、「距離」と「接近」の二つの働きにかんする独特の見解を提示しているからである。ボレンによれば、アーレントの現象学的「世界」は、「距離」、すなわち人間存在の「間」(in-between, inter-esse)を、他者とともに共有することから構成される。このことをボレンは「距離と接近のパラドクス」、「人間を関係させると同時に分離させる」ことと表現する[27]。またボレンは、「世界への愛」を「市民的友情」(civic friendship[28])とも言い換える。その内実は、異質な他者と共に、「間」としての「世界」をそのつど生み出そうとする不断の営みであり、「世界への気遣い」(care for the world[29])とも表現される。

しかしボレンは、「世界への愛」の重要性を示唆するにとどまり、その意味を十分に説明していない。それに関連して、「距離と接近のパラドクス」の説明についても、必ずしも適切とは言えない点もある。それゆえ、以降は、ボレンの論述を立ち入って検討しつつ、同時にそれとアーレント自身の記述内容を照らし合わせながら、「世界への愛」の現象学的意味とその豊かな内容を明らかにする。それによって、ボレンの論述の意義を確認しつつ、その不十分性を是正することもできるであろう。

まず、「現れの空間」としての「世界」が「距離」と「接近」によって構成されるとはいかなる意味であるのか。

ボレンは、「現れの空間」としての政治的世界は、自由な相互的言論行為を行う者と、それを解釈する複数の人々の間で現象する空間であると理解する点で、筆者と立場を同じくしている。ボレンによれば、世界現象はつねに「他の誰かあるいは何かに向けての現れ」[30]である。政治的な現象、事実、出来事の意味を理解することは、人間の実存の構造の意味を理解することと同様に、「生きられた世界経験」(lived worldly experience)[31]の現象学的な分析を前提とする。ボレンの解釈の要点は、あるひとつの言論行為が、つねにすでに「世界」に依存していることを示す点にある。というのも、言論行為は、自分とは異なるパースペクティブを持った他者によって解釈されることで、はじめて世界の経験として意味をもちうるからである(HC, 50; VA, 63)。

本書のこれまでの議論と照らしあわせれば、「生きられた世界経験」とは、「政治的生」の経験を意味する。この「政治的生」の経験は、多様な他者とともに共有された「世界」の中でのみ顕現可能である。ボレン説によれば、この「世界の共有」を可能にするのが「共通感覚」である。ボレンは「共通感覚」を「世界を共有する感覚」(the sense of sharing a world)[32]であると特徴づける。もちろんこの共通感覚は、アーレントが政治的判断力の条件として挙げた、政治的共通感覚を指している。つまり、他者の立場を考慮に入れる能力としての「視野の広い考え方」の能力である。

さらに、ボレンは「共通感覚は私たちの現実感覚(sense of reality)を創り出す」とも特徴づけている。[33]この特徴づけは、アーレントが『人間の条件』の中で、「現実についての感受性（feeling for reality）は、まったく現れに、従って公的領域の実存に依存している」（HC, 51）と述べていた事実を想起させる。

では、「世界を共有する感覚」が「現実感覚」であるとはどういう意味だろうか。この点について、ボレンもアーレントも十分な説明を行っていない。筆者の解釈によれば、この場合、「現実感覚」は二つの意味をもつ。第一に、「現実感覚」は、他者と言葉を交わすことで、人々の間に現れる感覚を意味している。[34]第二に、「現実感覚」は「世界についての感受性」（feeling for the world）[35]を意味する。「世界についての感受性」とは、異なる他者の意見を考慮に入れて思考することで、自分の意見を世界と関係づける感覚であり、政治的判断力の「視野の広い感性」と類似している。あるひとつの意見は異質な他者の意見を想像する遠近法的思考によって多くの人に共有されることが可能となり、多様な人々に吟味されることで、真実性と現実性を得ることができるのである（HC, 57–58）。[36]

上記の論点はアーレントの政治哲学の中心的な事柄であるにもかかわらず、従来の諸研究ではしばしば見落とされてきた。ボレンの解釈は、「共通感覚」が世界を現象させる「現実感覚」であり、他者と世界を共有する感覚であることを明らかにした点でアーレント研究史上、重要な意味をもっている。

ボレンはさらに、共通感覚と世界の関係を、「距離」と「接近」という二つの概念でもって説明している。ボレンによれば、世界は共通感覚のもつ「距離」と「接近」という二つの働きから形成されている。ここで言われる「距離」とは、たんに空間的な遠さを意味するのではなく、「間にあること(in-between)」つまり「私たちが複数の人間存在として共有している世界(37)」を介して存在していることを意味している。同様に、「接近」も、たんに空間的な概念ではなく、多様な人々が対話によって偶然的に結びついている事態を意味している。ボレンによれば、「距離」と「接近」は、「政治的なものに関するアーレントの解釈学的‐現象学的態度によるアプローチの、二つのメタファー」である(Ibid.)。つまり、政治的世界の共有は、他者の意見を「距離」を置いて解釈することと、他者の意見に関心を向けることで世界へ「接近」することという、二つの働きから成り立っているのである。

ボレンのアーレント解釈の特徴は以下の三点にまとめられる。

第一の特徴は、共通感覚が、「世界を共有する感覚」であり「現実感覚」であることを指摘した点である。「世界が共有される」ことによって、政治的出来事ははじめて「意見」として「世界」に現れることが可能となり、意味をもつことができる。したがって、「世界を共有する感覚」としての「共通感覚」は、政治的出来事の意味が現実化するために不可欠である。

第二の特徴は、「共通感覚」が「距離」と「接近」という二つの働きをもつことを分析し、とりわけ「距離」の働きの政治的意味を明らかにしたことである。アーレントが『カント政治哲学の講義』の中で述べたように、行為から適切な「距離」をとって判断する「注視者」は、行為の当事者である「行為者」とともに、政治的世界を現象させる働きをもつ。筆者の解釈では、「注視者」は、世界から超越するのではなく、世界の中で、ある特殊な出来事から距離をとっている。「共通感覚」の働きのうち、「距離」の働きについては、観想的であり、非政治的な働きであるというアーレントに対する誤解がしばしばなされてきた。しかし先述したように、共通感覚の「距離」の働きは、むしろ「世界」が生まれるために不可欠の条件である。なぜなら、ボレンも指摘するように、「距離」の除去や破壊は、自己と他者の差異性の破壊であり、政治的世界の破壊だからである。人々の間の「距離」の消滅は、自己と他者が同一になることであり、互いの意見の唯一性と差異を隠蔽してしまう。言い換えれば、「距離」の消滅は、アーレントが「政治的なもの」と呼んだ人間的な諸々の事柄の破壊であり、人間の「政治的生」が現れる空間の破壊である。要するに、それは異質性・多様性を同質性・一様性に回収する破滅的な事態を帰結する。

第三の特徴は、「世界への愛」が「市民的友情」によって「距離」と「接近」の働きを持つことを示唆した点である。しかしボレンは、「共通感覚」と「世界への愛」の関係性を十分に整理できておらず、その点で不十分である。

筆者の解釈では、「共通感覚」と「世界への愛」の関係は、次のように簡潔にまとめることができる。

アーレントの「共通感覚」は、けっして人間の本質を表すものではなく、複数の人々の間で日常的には可能性として潜在している働きである。そして「共通感覚」は、「政治的友情」としての「世界への愛」が働くことによって、はじめて現実化・顕在化することが可能になる。というのも、異質な他者へと実際に注意を向けることがなければ、他者との間に関係性が芽生える可能性そのものが消失し、共通感覚が働く可能性がなくなるからである。したがって、「世界への愛」は、「共通感覚」が働く原動力であり、その根本契機であると言うことができる。

他方、「世界への愛」は、本節までの論述で明らかにしたように、「共通感覚」の働きと結びつくことで、はじめて「政治的友情」として機能することができる。なぜなら、「共通感覚」は異質な人々が同じ世界を共有することを可能にする働きであり、この「共通感覚」がなければ、人々は他者と言葉を交わすこと自体が不可能になり、「世界への愛」が向けられる政治的世界そのものが形成不可能になるからである。

以上の考察から、「共通感覚」と「世界への愛」は、共に互いの起源であり根源であるという意味で、「共-起源的」である。「共通感覚」と「世界への愛」は、相互的に作用することによって、はじめて互いの働きを顕在化することができる。そして、この「共通感覚」と「世界への愛」の「共-起源的」な相互作用が、「距離」と「接近」のパラドクスを生じさせ、「現れの空間」を顕在化させるのである。したがって、「共通感覚」と「世界への愛」の「共-起源的」な相互作用は、「政治的生」の営まれる空間が顕現するための、不可欠の条件である。

アーレントはカントの『判断力批判』における間主観的な共通感覚ないし共同体的感覚を政治的判断力として読み換え、アウグスティヌスの「愛」の概念を「世界への愛」として政治哲学的に再解釈した。そして、共通感覚と「世界への愛」を重ね合わせて理解することで、「政治的生」の空間をロゴスとパトスの統合された豊かな生の空間として現象学的に描き出そうとした、ということができる。

なぜなら、一般的理解によれば、政治的判断力にはロゴス的な側面が現れやすく、その場合には「世界への愛」が隠されてしまうが、他方、「世界への愛」の感情的な働きが強調されることによって、政治的判断力のロゴス的な側面が隠されてしまうからである。筆者は、「共通感覚」と「世界への愛」の相互補完的な働きの重要性を、ここであらためて指摘しておきたい。

第五節　「同胞愛」の排他的構造と「世界への愛」の意義

すでに示唆したように、共同体主義的な「同胞愛」は、人々の間の「距離」を見えなくすることで、「政治的生」の空間を消失させるという危険性をはらんでいる。では、「同胞愛」は具体的にはどのような問題を生じさせるのであろうか。本章を終えるにあたり、「同胞愛」の構造と問題点を詳述する。次に、「世界への愛」が、いかにして「同胞愛」への批判的原理となりうるかを導き出したい。

まずボレンの説明によれば、「同胞愛」(fraternity, brotherhood) とは、語源からも明らかであるように、家族的共同体の内部での絆 (bond) を意味する。「同胞愛」に基づく共同体の例として、ボレンは教義的共同体や、ある特定の集団的アイデンティティに基礎づけられた共同体を提示する。「同胞愛」で結合された集団は、「包摂と除外のメカニズム」に基礎づけられている。なぜなら「同胞愛」の原理は、集団の構成員が「同じもの」を持つことであり、構成員の同質性を前提としているからである。したがって、「同胞愛」によって結合された集団は、自分たちと異質なもの、「兄弟ではないもの」たちの排除の原理を含んでいる[38]。

また、「同胞愛」は、以下の理由のために非政治的であり、「世界喪失」をもたらす。すなわち、「同胞愛」はなによりも「非‐公的」(non-public, 非‐公開)である[39]。したがって「同胞愛」によって構成された共同体では、構成員が共有する同一性は外からみて隠されており、不可視的である。言い換えれば、「兄弟」たちは、家族の内の領域を共有しているのであり、「世界」に現れていないのである[40]。「兄弟」の間で働いているのは、家族の生存の論理であり、家族を守る愛である。また、「同胞愛」は「世界と公的空間への責任(responsibility, 応答可能性)を放棄[41]」している。「同胞愛」は、構成員が自分と政治的世界が無関係であるように思わせることによって、構成員たちが「誰であるか」を、世界から隠してしまうのである[42]。

この危機的状況に対して、ボレンはアーレントの「世界への愛」を対抗理念として提示する。ボレンによれば、「世界への愛」の実践は、人間の「政治的生」の現実性(reality)、意味、共通性、公開性、可視性、私たちが「誰であるか」(who)の現れ、そして公的な自由を現象させる。ボレンは、アーレントの「世界への愛」を、人間の「政治的生」の現れにとって不可欠であるとして、高く評価するのである[43]。

筆者の見るに、「同胞愛」には三つの問題がある。第一に、「同胞愛」は、人々の間の「距離」を消失させることによって、人間の唯一性と複数性を現象不可能としてしまう。第二に、「同胞愛」は、家族の生存の論理によって規制されているために、個々の構成員が家族の生存という全体の目的に従属する手段とされてしまう危険性をもつ。第三に、「同胞愛」は、同一性の原理によって成り立つために、異質な他者の排除を前提としている。したがって、もしも「同胞愛」の原理が人間の活動の領域のすべてを覆うことになれば、人間の「政治的生」の空間は消失してしまうことになる。アーレントの「世界への愛」と「共通感覚」は「人々の間」を保つことによって、現代における「同胞愛」の排他性の危険性に対して、ひとつの有意義な批判的機能を持つはずである。「同胞愛」の原理は、自己と自己の属する「同胞」を守るために、自身と異なる他者を排除し、「世界」を消失させる危険性をはらむ。しかし「世界」の消失は、人間が自分の唯一性をあらわにする自由を喪失させることであり、人間が「現実感」をもって他者の間に現れる自由の喪失である。この「同胞愛」による「現れの空間」の侵食という問題に対して、アーレントの「世界への愛」と「共通感覚」は、最も重要な歯止めである。

以上のように、本章では、アーレントの「世界への愛」と「共通感覚」を現象学的に解釈することによって、以下の事柄が明らかとなった。

第一に、アーレントの「世界への愛」は「政治的友情」と同義であり、「世界」の現出の前提条件である。「世界への愛」と「政治的友情」は、異質な他者と距離をおくと同時に、対話を交わすことで他者と関係するという二つの働きを有する。第二に、「世界への愛」は「共通感覚」と相互的に働くことで、「現れの空間」としての「世界」をそのつど現象させる。第三に、「世界への愛」と「共通感覚」は、「距離」と「接近」という二つの働きによって、「世界」が人々の間に現れることを可能にする。「世界」は人間の複数性、すなわち唯一性と差異性があらわになる場所であり、「政治的生」の空間である。第四に、「共通感覚」と「世界への愛」は、けっして単独で働くことはできず、互いに条件づけ合っている。言い換えれば、「共通感覚」と「世界への愛」は互いを現実化・顕在化させるという意味で「共‐起源的」である。この「共通感覚」と「世界への愛」の「共‐起源的」な相互作用は、「政治的生」の営まれる空間が顕現するための、不可欠の条件である。第五に、「同胞愛」は同一性の原理によって人々の間の「距離」を消失させ、「政治的生」が現れることのできる唯一の場所である「世界」を隠蔽する危険性をもつ。そしてこの「同胞愛」に対して、「世界への愛」は有意義な批判的原理となりうる。

「同胞愛」による他者の排除の問題が、現代においても一層深刻化するなか、アーレントの「世界への愛」と「共通感覚」こそ、最も根本的な批判的意義をもつと言うことができるのである。

注

(1) これまでの章でも述べてきたように、アーレントにおいて、現実性と顕在性は同義である。リクールが分析するように、「現れの空間」とは、人間の物語的生が、「人間関係の網の目」の只中で顕現する空間である(Paul Ricœur, *Lectures vol. 1: Autour du politique*, Seuil, 1991, pp. 50–51.『レクチュール――政治的なものをめぐって』合田正人訳、みすず書房、二〇〇九年)。リクールによれば、「公的領域、現れの空間、人間的諸関係の網の目、「誰」(who)の顕現などの語彙はすべて互いに浸透し合っている。一緒にされることで、これらの語彙は政治的生の条件を構成することになる」（ibid., p. 50. 傍点はリクールによる）。リクールは、物語を始めることが人間を「世界の中で何かを始める者」として顕現させると論じる。この物語は、けっして個人主義や主観主義に閉じこもることによってではなく、「人々の間にあること」（ibid. 傍点はリクールによる）によってのみ可能となるのである。

（2）小玉重夫によれば、アーレントは「同胞愛」あるいは「兄弟愛」（fraternity, brotherhood, charity）と政治的「友情」（friendship）を明確に区別している。「同胞愛」あるいは「兄弟愛」は、アーレントにおいて無世界的な「愛」である（小玉重夫『難民と市民の間で――ハンナ・アレント『人間の条件』を読み直す』現代書館、二〇一三年、一〇四頁）。小玉によれば、「同胞愛」は「charity」、すなわち神への愛に根拠をもつキリスト教的隣人愛に関係しており、人間関係を結びつけるという点では「世界への愛」と同じ能力をもつ。しかし「同胞愛」は「世界への愛」とは異なり、それ自身の公的領域を創出する能力をもたず、無世界的である（HC, 80）。小玉は、「兄弟愛」（fraternité）に対するデリダの批判と、「同胞愛」に対するアーレントの批判が、同じ問題を共有していることを指摘する。デリダによれば、「兄弟愛」は、一八世紀以降のヨーロッパの秘密結社フリーメイソンの特徴を表す概念である。「兄弟愛」の特徴は、外部世界への一定の閉鎖性、加入儀礼の執行、成員間の平等、「男根中心主義や男性中心主義」という諸点が挙げられる。小玉によれば、「fraternity」や「charity」は、同質的なつながりに基づく結合である（小玉、二〇一三年、一〇五頁）。他方、小玉は、アーレントの「友情」の概念を評価する。小玉によれば、「友情」とは、異質な者どうしが関わりあい、対話することを可能にする政治的なものである。その根拠として、小玉はアーレントの『政治の約束』の文章を引用する。「友情における政治的要素とは、誠実な対話において、友人同士が互いの意見に内在する真実を理解しあうことができるということだ。友人は、一人の人間として友人以上の存在であり。互いにとって公共世界がいかなるものであり、いかなる具合に独特の了解がなされているのかを理解しあう。しかもこの友人たちは、いつまでも不均等な、もしくは違う存在なのである」（POP, 47. 小玉によれば、アーレントの「友情」は、アリストテレスの「友情」(philia) を起源としている。ただし、筆者の考えでは、アリストテレスのフィリアは都市国家共同体を結合するものであり、同胞愛的な要素も有する点に注意すべきである。アーレントは、あくまでも彼女自身の政治哲学の文脈でアリストテレスの「政治的友情」を再解釈している。アーレントの「政治的友情」は、「同胞愛」のように国家や民族の一体感と共同性を生み出すものではなく、異質な他者とともに同じ事柄について対話する世界を共有する働きである。この意味でアーレントの「友情」は「世界への愛」と同義である。詳細は本論で論述する。

（3） たとえば齋藤純一は、アーレントを批判的に考察することによって、「場所の剝奪」(displacement) がもたらす現代的危機について分析している。齋藤によれば、家族的な「愛の共同体」は、一方で共通の経験やアイデンティティを持たない他者の排除を引き起こし、他方でその共同体の内部に安定の感覚をもたらす。齋藤は、アーレントとともに家族的「愛」の持つ構造的な暴力性を厳しく批判した上で、「現れの空間」を奪われた人々を別の形で結びつける場所が必要であると主張している。そのために齋藤は、「親密圏」という概念に着目する。「親密圏」とは、「具体的な他者の生への配慮／関心」によって結ばれる人間関係であり、公共圏と同じく人々の「間」に成立する関係性であるとされる（齋藤純一『政治と複数性――民主的な公共性にむけて』岩波書店、二〇〇八年、一九一―二一六頁）。齋藤の指摘は優れたものであるが、その上でなお、「現れの空間」の重要性は薄れるものではない。なぜなら、齋藤のいう「親密圏」は複数性を条件としている以上、「現れの空間」がなければ「親密圏」も消滅してしまうからである。

（4） 一九五五年八月六日に送付されたヤスパース宛の書簡（書簡番号169）を参照のこと。Lotte Köhler und Hans Saner (Hrsg.), *Hannah Arendt und Karl Jaspers Briefwechsel 1926–1969*, Piper, 1985, S. 301.（『ア

ーレント＝ヤスパース往復書簡 1926–1969 1/2/3』大島かおり訳、みすず書房、二〇〇四年）

（5） Cf. Marieke Borren, *Amor mundi: Hannah Arendt's political phenomenology of world*, University of Amsterdam, 2010. 同じく Borren, 'A Sense of the World': Hannah Arendt's Hermeneutic Phenomenology of Common Sense, *International Journal of Philosophical Studies*, vol. 21, no. 2, 2013.

（6） Cf. Julia Kristeva, *Hannah Arendt: Life is a Narrative*, translated by Frank Collins, Toronto 2001.（『ハンナ・アーレント講義——新しい世界のために』青木隆嘉訳、論創社、二〇一五年）

（7） Cf. John Kiess, *Hannah Arendt and Theology*, Bloomsbury T&T Clark, London 2016.

（8） Kristeva, 2001, pp. 60–67.

（9） Cf. M. J. Sandel, *Public philosophy: essays on morality in politics*, Cambrige 2005.（『公共哲学——政治における道徳を考える』鬼澤忍訳、筑摩書房、二〇一一年）

（10） Sandel, 2005, p. 155.

（11） Cf. Ronald Beiner, *Political Judgement*, Chicago 1984.（『政治的判断力』浜田義文監訳、法政大学出版局、一九八八年）

（12） Seyla Benhabib, Models of Public Space: Hannah Arendt, the Liberal Tradition, and Jurgen Harbermas, in: *Habermas and the Public Sphere*, edited by Craig Calhoun, Cambrige 1992.

（13） Beiner, 1983, pp. 119–120.

（14） Ibid.

（15） Ibid., p. 125.

（16） アーレントの政治的世界の概念は、ヘルトの現象学にも強い影響を与えている。ヘルトは、「現象学の根本的主題は世界である。それゆえ、「政治的世界」を主題化することは、現象学の主要課題に属している」(K・ヘルト『現象学の最前線——古代ギリシア哲学・政治・世界と文化』小川侃編訳、晃洋書房、一九九四年、二三六頁)と述べる。ヘルトは、プラトン以来のエピステーメーとドクサの区別、およびドクサの軽視に対して、後期フッサールの現象学を用いて批判を行っている。「フッサールは『危機』において、生活世界における様々な〈与えられ方〉のうちで現れることを、古来から軽視されてきたドクサと同一視している。フッサールが、近代のエピステーメーの忘却された意味基盤として生活世界を思い起こすとき、彼が試みているのは、[アリストテレスと]同様に彼なりの仕方でドクサを復権させることである。フッサールによるドクサの擁護をアリストテレスによる擁護の延長線上において見るならば、生活世界は、社会哲学的に解釈されて、政治的行為の世界として提示されている」(同書、二四七—二四八頁)。また、ヘルトは、現象学的ドクサが政治的判断という性格をもつことを主張する(同書、一八六頁)。彼は、カントの『判断力批判』における「共通感覚」と、判断力の格率である「あらゆる他人の身になって考えること」が、あるひとつのものの見方であるドクサに公共性を与える役割をもつと論じる。筆者の解釈によれば、上記のヘルトのドクサ論は、アーレントがカントの美感的判断力を政治的判断力と読み換えたことに影響を受けている。

(17) アーレントの政治的生の意義およびアガンベンとの親近性については、第五章および以下の拙稿を参照。押山詩緒里「アーレントにおける「赦し」と「裁き」——クリステヴァによる解釈を超えて」『現象学年報』第32号所収、日本現象学会、二〇一六年、九五—一〇二頁。

(18) Borren, 2010, p. 241.

(19) 千葉眞『アーレントと現代——自由の政治とその展望』岩波書店、一九九六年、一七六—一八六頁。

(20) Cf. Rudolf Bultmann, *Jesus*, J.C.B. Mohr (Paul Siebeck), Tübingen, 1926.(『イエス』川端純四郎・八木誠一共訳、未來社、一九六三年)

（21）ただし、『アウグスティヌスの愛の概念』執筆の時点でも、地上の人々の相互的生活に向けた「隣人愛」（dilectio proximi）あるいは「社会的愛」（caritas socialis）という概念に、その萌芽をみることができる。
（22）千葉、一九九六年、一八二頁。
（23）以下を参照。齋藤純一「表象の政治／現れの政治」『現代思想』七月号、青土社、一九九七年。
（24）注意すべきであるのは、ここで念頭におかれているのが、一八世紀ヨーロッパのユダヤ人の切実な状況だという点である。「世界」から疎外されたユダヤ人たちは、彼ら自身の生存を守るために「同胞愛」を支えとする他に選択肢がなかった。その点で、「同胞愛」は生物学的生の根底にあるものであり、コミュニティの安定と互助にとって不可欠のものである。しかし「同胞愛」によって同質的コミュニティの内部に閉じこもることは、コミュニティの外にいる他者の排除もまた意味するのであり、ますます「世界」を喪失してしまうという悪循環に陥るとアーレントは主張しているのである。
（25）千葉、一九九六年、一八四頁。また、ボレンの述べるように、「政治的友情」は、「世界的関係」（worldly relation）、つまり世界と関係することとそれ自体である（Borren, 2010, p. 158）。このとき世界は、「友人同士の間の会話の話題（topic）と影響（effect）の条件」（Ibid.）となる。
（26）Marieke Borren, 2010.
（27）Ibid. p. 237.
（28）Ibid. p. 240.
（29）Ibid. p. 241. なお「世界への気遣い」という用語は、ハイデガーの「世界内存在」（In-der-Welt-sein）への「気遣い」（Sorge）に触発されたものであると考えられる。アーレント自身も、『政治の約束』や「文化の危機――その社会的・政治的意義」（『過去と未来の間』所収）の中で、「世界への気遣い」について言及している。

(30) Borren, 2013, p. 232.

(31) ボレンの使用した「lived worldly experience」は「生きられた世界経験」と訳すことができる。筆者のみたところ、ボレンの「lived worldly experience」は、政治的生の経験としての「生き生きとした経験」と同義である。アーレントの「生き生きとした経験」(die lebendige Erfahrung) については、序論の注(2)を参照。

(32) Borren, 2013, p. 238. なお、アーレントの共通感覚の意味を世界の共有 (share) という意味に捉える見解としては、下記の諸文献がある。Cf. Kimberley Curtis, *Our sense of the real — aesthetic experience and Arendtian politics*, Ithaca 1999. Kathleen Vandeputte and Ignaas Devisch, "Responsibility and Spatiality: Or can Jean-Luc Nancy Sit on a Bench in Hannah Arendt's Public Space?", *LUMINA*, vol. 22, no. 2, 2011.

(33) Borren, 2013, p. 238.

(34) 詳細は本書の第一章第四節を参照。

(35) Villa, 1999, 134.

(36) 詳細は本書の第三章第五節を参照。

(37) Borren, 2010, p. 238.

(38) Ibid., p. 141.

(39) Ibid., p. 143.

(40) Ibid.

(41) Ibid., p. 144.

(42) Ibid.

（43） Ibid., p. 241.

第五章
世界への「再出生」——「赦し」と「約束」の〈反復〉構造

第一節 「世界の破滅」の回避へ——政治的行為としての「赦し」と「約束」

これまでの議論から、「共通感覚」と「世界への愛」の相互作用が、「現れの空間」である「政治的生」の空間をそのつど現実化・顕在化させることを明らかにした。しかし「政治的生」の空間は、多様な人々が対話によって「人間関係の網の目」を形成するかぎりで顕現可能な、不安定なものである。そこで本章では、本来儚い「政治的生」の空間が、「赦し」(forgiveness)と「約束」(promise)という二つの行為を通じて、繰り返し新たに現象しうることを明らかにする。さらに「赦し」と「約束」が「共通感覚」と「世界への愛」を源泉とする政治的行為であることを解明し、「共通感覚」と「世界への愛」によって「政治的生」の空間が現象する構造を改めて明らかにしたい。結論を先取りすれば、「赦し」と「約束」は「共通感覚」と「世界への愛」が機能するうえで不可欠であり、「赦し」と「約束」が失われることは、「世界」が新しく生まれる可能性が破壊されることを意味するのである。

従来のアーレント研究の多くは、アーレントの「赦し」と「約束」について、キリスト教的隣人愛や根源悪の観点、実存主義的決断の観点、社会契約説等の法哲学的観点、贈与論の立場等から論じてきた(1)。その結果、「赦し」と「約束」が「現れの空間」である「政治的生」の空間への再出生を可能にする条件であることが看過されてきた。さらに、「赦し」と「約束」を可能にしているのが「共通感覚」と「世界への愛」であるという重要な論点についても見逃されてきた。そこで本書は、あくまでも現象学的な観点からアーレントの政治哲学を解釈することで、上記の諸課題に取り組みたい。

「赦し」と「約束」は、日常生活から特殊な文脈まで、様々な意味で用いられる。以下では、簡単に「赦し」と「約束」の一般的な意味について触れ、アーレントの用法の固有性を確認しておく。

一般的に言えば、「赦し」と「約束」には少なくとも三つの意味がある。第一は法的意味、第二は倫理的意味、第三は宗教的意味である(2)。日常生活の場では、「赦し」と「約束」は個人間から国家間に至るまで、さまざまなレベルの共同体を形成するうえで重要な役割を果たしている。また、ユダヤ・キリスト教の世界では、アーレントも言及しているように、「赦し」と「約束」は神と人間との関係性に基づいている。

ところが、アーレントの政治哲学の文脈では、「赦し」と「約束」は人間存在が世界の中で現れるために特殊な意味を有している。したがって本書では、今後「赦し」と「約束」の概念を、どこまでもアーレントの政治哲学の領域での用語法に限定して使用する。

アーレントにとって政治的「赦し」とは、人間を過去の行為の因果系列から解放する働きないし能力である。「赦し」は、過ちと復讐の連鎖から人間を解放し、新たに活動を始めることを可能にする。また、「約束」とは、自らの行為の結果を予測することができない人間が、未来にむけて他者とともに共同行為を始めることを可能にする。言い換えれば、「赦し」と「約束」は、人間存在が過去・現在・未来という時間に制約されていることを意味しており、その上でこの時間的制約を克服する可能性を示しているのである。

アーレントは「赦し」と「約束」について、『人間の条件』第五章第三三節「不可逆性と赦しの力」の中で、次のように論じている。「赦しと約束というこの二つの能力は、共に複数性に依存し、他人の存在と活動に依存している。というのも、だれも自分自身を赦すことはできないし、だれも自分自身とだけ取り交わした約束に拘束されていると感じることはありえないからである」(HC, 372)。ここで重要であるのは、「赦し」と「約束」はつねに、自分とは異なる他者との間で相互に行われる複数的行為だという点である。すなわち、異質な他者の言葉に対して耳を傾け、自分もまた他者に対して語りかけるとき、はじめて「赦し」と「約束」は可能になるのである。

政治的活動は、その行為が複数の人々の間で行われる以上、偶然的であり、行為の結果を予測することは誰にもできない。また、ある行為の結果を過去に遡ってなかったことにすることも不可能である。つまり、政治的行為は根本的に不可逆的で予測不可能であり、つねにすでに過ちの可能性を含み込んでいる。この不可逆性・予測不可能性から人間を救済し、政治的活動が再び人々の間で行われることを可能にするのが、政治的な「赦し」と「約束」の働きである。

次節以降で詳述するように、「赦し」は、過去の行為にひとつの「判断」(judgement) を与えることである行為の結果からその行為に関わるすべての人を自由にする働きである。また「約束」は、人間の行為の予測不可能性を受け入れ、そのうえで異質な他者とともに、未来に向けて新たな活動を始める判断を下すことを意味する。

アーレントの遺稿『政治と約束』の編者であるジェローム・コーンが指摘するように、「赦し」と「約束」は、「世界の破滅を回避しよう」と望む人々の「世界への愛」から生じる (POP, xxxii)。「赦し」と「約束」は、複数の異質な人々が、他者との対話のなかで「世界の共有」をそのつど新しく試みる相互的行為である。また「赦し」と「約束」は、「政治的生」の空間が現象するための不可欠の条件であり、アーレント哲学の現象学的意味を示す重要な概念である。なぜなら「赦し」と「約束」がなければ、人間は新たな行為を始めることができず、「政治的生」の空間は消滅してしまうからである。要するに、「赦し」と「約束」は「現れの空間」への「再出生」を可能にすることで、「政治的生」の空間を持続させるのである。

以下では、次のように議論を進めたい。

第二節では、J・クリステヴァによるアーレント研究の批判的検討を行う。クリステヴァ説は、アーレントの「赦し」を「裁き」(judgement) との関係について分析した数少ない先行研究である。筆者は、クリステヴァがアーレントの「赦し」をいかにして「裁き」と接合したのかを析出し、クリステヴァの解釈の意義と問題点を明らかにする。筆者の狙いは、アーレントの「赦し」と「裁き」をキリスト教的に解釈するクリステヴァとは異なり、政治的「判断」によって政治的再出生への「赦し」が可能になると解釈する点にある。

第三節では、J・コーンによるアーレント研究の成果を手がかりにして、アーレントの「約束」が「世界への愛」によって、「現れの空間」をそのつど創設することを明らかにする。結論を先取りすれば、「約束」は、儚い「政治的生」の空間を未来に向けて現象可能にする不可欠の働きである。

第四節では、筆者独自の立場から、「赦し」と「約束」が、「共通感覚」と「世界への愛」による相互的活動のあらわれであることを明らかにする。また、「共通感覚」と「世界への愛」が、「赦し」と「約束」を通じて、いかにして現象学的な「政治的生」の空間を現実化・顕在化させるのかを、本書のこれまでの研究成果を振り返りながら詳述する。

第五節では、アーレントの「政治的生」の議論が、現代の「生政治」(biopolitics) の暴力的構造に対して批判的意味を有することを明らかにする。アーレントの議論は、後述のようにフーコー、アガンベン、デリダ、ナンシーらが行った「生政治」批判の哲学的思索にも強い影響を与えており、彼らと問題関心を共有するものである。「生政治」による排他的で差別的な暴力や、復讐の負の連鎖のために、「政治的生」の空間が隠蔽され破壊されつつある現代にこそ、政治的「共通感覚」と「世界への愛」の働きによる「赦し」と「約束」が、不断の実践として要請され必要とされている。デリダの言葉を借りれば、「赦すことができないものが私たちにそのようなものとして現れるときこそ、赦しが真に検討されなければならない」[3]のである。本章は、この喫緊の問題について、アーレントの現象学的立場からひとつの答えを提示するものである。

第二節 「裁き」としての「赦し」——不可逆な過去からの自由

ここでは、政治的「赦し」[4]の意味について、クリステヴァのアーレント研究[5]を批判的に考察し、クリステヴァ説の両義性を論じる。まずはクリステヴァによる解釈の特徴を明らかにし、次に、その意義と問題点について、筆者の立場から批判的に検討する。

クリステヴァのアーレント解釈の主要な特徴は、およそ以下の三点に分節化することができる。第一の特徴は、アーレントの政治哲学に対する積極的評価にある。クリステヴァは、人間的時間にみられる不可逆性と予測不可能性という二つの大きな哲学史的課題に取り組んだアーレントの意義を評価した。クリステヴァが指摘するように、「人間の生きる時間が不可逆なものであれば、人間は時間に束縛され、時間から逃れられないために、恨みと復讐の念に囚われる」[6]ことになる。かつてニーチェは、恨みと復讐の念を増大させる記憶の反芻に反対して、「忘却の力」と「抑制する力」を唱えた。クリステヴァのアーレント解釈によれば、「ニーチェを丹念に読んだアーレントは、時間を逆にして考えさえすれば、〈人物〉を再生させることができるとして、ニーチェに対して冷静に反論」している。[7] そこでクリステヴァは、アーレントが解決策として採用したのが、ニーチェのように「忘却」ではなく、「赦し」であったことを強調したのである。

第二の特徴は、「赦し」の機能と「裁き」の機能の共通点を示した点にある。クリステヴァは、「赦し」と「裁き」は両者とも、行為の因果系列から行為者を解放するという意味で、同じ機能を担っていると理解する。[8] クリステヴァによれば、もしも一つの行為に「終わり」がないとすれば、行為者は永遠に己の犯した過ちの結果によって規定されねばならず、新しい行為を始めることができない。「赦し」と「裁き」は、行為に一つの判断を下すことで、その行為を「終わらせる」のである。また「裁き」は行為に対して下され、「赦し」は行為者に対して与えられる。すなわち、クリステヴァ説によれば、行為者は過去の行為を「裁かれる」ことで、過去の行為の因果系列から解放され、新たな行為を始めることが「赦される」のである。

第三の特徴は、クリステヴァが政治的な「赦し」とキリスト教的な「赦し」を重ねて解釈している点である。クリステヴァによれば、アーレントの議論は「厳密に宗教的なものの領域を、政治的なものの領域に拡大する議論」[9]を意味することになる。この解釈に従えば、神が人を赦すように、人が人を赦すことによって、人間は新たな行為者として生まれ変わることが可能になるのである。

次に、クリステヴァによるアーレント批判に目を転じてみよう。上記の評価と理解に基づいて、クリステヴァは次のようにアーレントを批判する。アーレントは、一方で「赦し」を政治的出生の条件と捉えていながら、他方でその「赦し」の根拠をキリスト教に由来する隣人愛に求めている。政治的行為を「本質的に非政治的で世界とは異質な愛」によって成立させようとする点に、アーレントの「赦し」の困難がある、というわけである。(10)

筆者から見て、上記のクリステヴァによる解釈の意義は、アーレントにおける「赦し」と「裁き」の重要性と両者の不可分な働きに着目した点にある。クリステヴァによれば、「赦し」は他者の過ちを無条件に許容するわけでもなく、ましてやその過ちを忘却するものでもなく、「裁き」という「判断」を通じて行われる。「裁き」は、クリステヴァの析出した「赦し」の新たな側面であり、「赦し」と政治的判断力論を接合する契機になりうるものである。(11)

しかし、筆者のみるところ、クリステヴァのアーレント解釈には根本的な問題が二つ存在する。

クリステヴァの第一の問題は、「赦し」と「裁き」に関して、政治的意味とキリスト教的意味の混同が見られる点である。アーレントは『アウグスティヌスの愛の概念』の執筆時期から一貫して、「神への愛」に基づく赦しと「世界への愛」に由来する赦しを区別している(LA, 42-43)。前者は世界からの脱出を目的とするのに対して、後者は世界の維持と世界への新たな出生を求める(LA, 82)。アーレントの政治的「赦し」は「世界への愛」から生じるものであって、けっして「神への愛」から生じるものではない。

しかしクリステヴァは、この「神への愛」と「世界への愛」を混同し、アーレントの「赦し」が「神への愛」に由来するキリスト教的隣人愛に基づくものだと誤解した。そのためクリステヴァは、「赦し」を可能にする「愛」が「本質的に非政治的」であると強調する。

しかし、本書の第四章で明らかにしたように、アーレントは「神への愛」と「世界への愛」を厳格に区別しており、政治的行為は「世界への愛」によってなされる。したがって、人と人の間でなされる「赦し」は、神による「赦し」を求める媒介的行為[12]として理解されるべきではない。むしろアーレントの見解は、キリスト教的な仲保者としてのイエスと、時間の中で人々の間で生きる「ナザレのイエス」とを区別している。[13]人間相互の「赦し」と神による「赦し」は、それぞれ別の出来事である(LA, 68-70)。前章で明らかにしたように、「世界への愛」は、アーレント自身によって政治的「尊敬」や「ポリス的な友情」とも言い換えられている(HC, 242-243; VA, 310)。「世界への愛」は、自己とは異なる思考様式を持った異質な他者の人格(Who)への尊敬であり、他者と世界を共有し、自由な言論によって互いの人格を開示し、相互的な関係を維持することへの欲求である。したがってアーレントの「世界への愛」は、一般に理解されるような意味での世俗的な自己保存の欲望でもなく、時間的世界を離れて永遠不変の神の国へと向かう愛でもなく、他者を自己の内へと同化させる家族的愛の欲求でもない。クリステヴァは、こうした「尊敬」や「ポリス的友情」についてまったく論じておらず、その点に彼女の議論の根本的な欠陥がある。

クリステヴァの第二の問題は、「赦し」が「赦す者と赦される者の双方を行為の帰結から自由にする」(HC, 241; VA, 307) ことを見落としている点にある。彼女は、赦す者が赦す行為によってみずからも自由になる、という点に無頓着であった。クリステヴァは、キリスト教的な「赦し」と「裁き」の構図に強く制約されたため、「赦す者」が「赦される者」の上位に立って裁き、赦しを与えるという見解に依拠している。このクリステヴァによる、神から人への贈与論的なアーレント解釈のもとでは、アーレントの相互的行為としての「赦し」の意味が見落とされてしまうのである。

しかし先述したように、アーレントの「赦し」の相互性は、過去の行為の因果から赦される者だけではなく赦す者をも解放するという意味をもつ。アーレントの真意は、彼女が赦しを「復讐からの自由」（HC, 241; VA, 307）と表現したことに、端的に現れている。人間は、過去に行った過ちをけっして変更できないという不可逆性と、未来の行為の結果を今・ここで知ることはできないという予測不可能性によって制約されている。「赦し」と「裁き」は、もはや変更できない過去の過ちからその行為に関わったすべての人々を自由にし、新たな行為者として政治的に「出生」することを可能にするものである。

以上の考察から示されるように、アーレントにおける「赦し」と「裁き」は「世界への愛」によってなされる政治的行為である。「赦し」と「裁き」は、人間が「現れの空間」に「再出生」することを可能にする。もしも「赦し」と「裁き」がなければ、過去の行為の因果系列に束縛された人々は永遠に新しい活動を始めることができなくなってしまう。その結果、新しい「人間関係の網の目」が紡がれることなく、「現れの空間」は消滅してしまうであろう。したがって政治的な「赦し」と「裁き」は、アーレントの現象学的政治空間の現実化・顕在化にとって、不可欠の働きなのである。

第三節　「方向づけ」としての「約束」——予測不可能な未来への自由

つづいては、「約束」が「赦し」とともに、政治的活動の条件であり、「現れの空間」としての政治的空間の成立条件のひとつであることを明らかにする。

『人間の条件』によれば、活動の予測不可能性は、次の二重の意味を有している。第一に、人間の思考能力は有限であるため、自己の未来を完全に予見することはできない。第二に、政治的行為は複数の人々の行為が複雑に絡み合っているため、その複数的行為の結果を予測することはできない。第一の意味での予測不可能性は、単独者としての人間の限界によるものであり、第二の意味での予測不可能性は、政治的活動が複数的であり偶然的であることに根ざすものである。アーレントは、第一の意味での予測不可能性については「人間が自由に対して支払う代償」であると言い、第二の意味での予測不可能性については「人間が複数性とリアリティ（reality）に対して支払う代償」であり、「世界の中で他者と共生する喜びに対して支払う代償」であると述べている（HC, 244）。

アーレントによれば、「約束」は、この二重の予測不可能性を克服する行為である。政治的行為にとってとりわけ重要であるのは、第二の意味での予測不可能性の克服である。なぜなら、第二の意味での予測不可能性はアーレントの政治哲学の根源である「複数性とリアリティ」に由来するからであり、この予測不可能性を克服することによってのみ、政治的活動と「政治的空間」が現象可能になるからである。

また「約束」の機能は、次の二点に分節化することができる。第一に「約束」は、単独者であった人々を、一つの行為を共に行うことで結びつけ、世界を共有することを可能にする。第二に「約束」は、予測不可能な政治的活動に暫定的な「目標」(goal)を定め、方向づけることで、活動に一定の安定性を与えることを可能にする(POP, 193–194)。

この場合、重要であるのは、「約束」が法律上の契約や自然法則のような必然的・客観的概念ではなく、あくまでも偶然的で自由な人々による目標の共有にすぎない、という点である。この点について、誤解を避けるため、「目標」概念を中心にアーレントの見解をさらに厳密に考察してみたい。

アーレントは「目的」(end)と「目標」(goal)を厳密に区別している。まず「目的」は、目的‐手段関係のもとで、暴力的な強制力によって個々の行為を従属させるものである。そこで働いているのは、「活動」ではなく「仕事」の原理である。

これに対して「目標」は、アーレント独自の政治的活動や政治的判断を方向づける反省的・理念的な指標である。したがって「目標」は、自然法則のような目的‐手段関係とはまったく関係せず、目的に従属した概念でもない。アーレントは「目標」について、次のように論じている。


これらの〔暴力的〕目的は目標と同じようなものではない。というのも目標とはつねに政治的活動が追及するものだからだ。そして政治の目標はけっして指針(guidelines)や指導(directives)を越えるものではない。そうした指針や指導は私たちを方向づける（orient）が、けっして石のように硬直化することはない。私たちが相手にしているのは私たちと同様に目標を有する他者たちなので、それらの指針や指導が実現される具体的な形は不断に変化し続ける。〔中略〕もし暴力の徴を帯びない政治的活動がその目標を達成しないとしても——現実に、そのような政治的活動が目標を達成することはけっしてありえないのだが——それによって政治的活動が的外れになるわけではないし、無意味になるわけでもない。〔中略〕またそれが無意味にならないのは、往ったり来たりの言論のやり取り——個人やら民族、国家やら国民の間での——において、他のあらゆる事柄が生起するための空間がまずはともあれ創られ、その後も持続されるからである。政治用語で「関係の破綻」と称せられるものは、「間にある空間」（in-between space）の放棄のことであり、さらにその空間こそは、暴力的活動〔目的のための手段となってしまった行為〕が、その空間を間に挟んで生きる人々を絶滅させる前に、最初に破壊するものなのである。（POP, 193）

筆者の解釈では、この引用文が示しているのは、次の五点である。第一に、「目標」はあくまでも諸行為を方向づけるものであり、具体的な目的の達成のために命令を下すものではない。第二に、したがってある行為が「目標」に向かっているか否かという判断そのものは、あくまでも個々人にゆだねられており、他者が「目標」に基づいて行為を強制することはできない。第三に、どのような仕方で「目標」に向かうかは、そのつどの「行為者」の意見と個別的状況によって変化する、流動的なものである。第四に、「目標」は多様な人々の間の相互的言論行為を結びつけることで、自由な言論行為が行われる空間そのものが変化しつつ持続することを目指している。第五に、暴力的手段でもってこのような「関係の破綻」――言い換えれば「人間関係の網の目」の破壊――が行われたとき、政治的に生きる存在者としての人間はやがて「絶滅」するであろう、ということである。

したがって、「目標」は「目的」のような強固な拘束性をもたない。この傻い「目標」への方向づけをそのつど行うことが、「約束」の働きである。だが「目標」にも「約束」にも規定的根拠は存在せず、それゆえ「約束」はつねに破られる危険性を有している。言い換えれば、「約束」と「目標」は規定的判断力の原理ではなく、反省的判断力の理念であり、政治的な構想力と共通感覚に依拠している。アーレントもその点は自覚しており、「約束」を行為の道標とすることの頼りなさに言及している（HC, 244）。だが、この頼りなさは、上述のように、人間の政治的自由の「代償」である。というのも、もしも「約束」ではなく絶対的で強制的な規則によって政治的行為を制約したとすれば、政治的活動の根源が失われ、政治的空間そのものが消失してしまうからである。言い換えれば、人間が政治的自由を求めるならば、「約束」の不安定さを自覚した上で、そのつど行為の方向づけを行っていかざるをえないのである。

要するに、「約束」は、異質な人々が「目標」をそのつど共有することを可能にする。すなわち、異質な人々が一時的に対話の場を共有することを可能にするのである。

ジェローム・コーンが理解するように、アーレントの政治的空間は、自然に生成される空間でも、神による賜物でもない。それは「男性と女性が、自らの複数性において、また互いに対する絶対的差異性において、共生し、互いに近づいて、ただ彼ら／彼女らだけが互いに許し（grant）保証し（guarantee）ぅる自由の中で語り合ぅ、一連の条件（conditions）なのである」（POP, xxx）。つまり、「約束」とは、ともすれば全く異質のまま交わらなかった人々が、互いの異質さと、そこから生まれる行為の予測不可能性を許容したうえで、同じ方向を共有する試みなのである。

さらにアーレントは、「現れの空間」としての世界が失われた状態を「砂漠」と表現し、次のように言明している。

現代（modern）における無世界性（worldlessness）の拡大、人間と人間の間にある、ありとあらゆる事柄の衰退は、砂漠（desert）の広がりと言ぅこともできる。私たちが砂漠の世界に生きて行動していることを最初に認識したのはニーチェであったが、[14] その診断に際して最初の決定的な過ちを犯したのもニーチェであった。彼の後を継いだほとんどの者たちと同じように、彼は、砂漠は私たち自身の内にあると信じていた。〔中略〕しかしまさに砂漠的状況下で苦しんで生きているからこそ、私たちはいまだに人間であり、いまだに損なわれていないのである。危険なのは砂漠のほんとうの住人になることであり、その中で居心地よく感じることである。（POP, 201）〔強調点はアーレントによる〕

さらに、このアーレントの記述をうけて、編者のジェローム・コーンは次のような解釈を述べている。

今もなお、新しい始まりは、砂漠を人間的世界に変えることができるのだ。そうしたことが実現する可能性はきわめて少ないが、活動の「奇跡」は存在論的に人類（humankind）のうちに——ユニークな種としての人類ではなく、ユニークな始まりの複数性としての人類のうちに——根ざしているのである。おそらく人間の複数性に内在する約束（promise）は、「なぜ誰かが存在し、誰も存在しないということがないのか」というアーレントの身も凍るような問いに対する、唯一の答えになるだろう。共通の目標（goal）を求めて政治的に集まった男女は権力（power）を発生させる。その権力は暴力（force）とは異なり、公共圏の深みから生起して、アーレントによれば彼ら／彼女らが言論と活動によって結びついている限り、その公共圏を支えるのだ。〔中略〕アーレントの物語は十分なる「世界への愛」に満ちていて、世界の破滅を回避しようとすることは、賭けてみるに値する行為だと私たちに思わせる。

（POP, xxxii）〔強調点はコーンによる〕

上記の二つの引用文が示すように、「砂漠」の拡大は人間の本来的な生の空間を破壊するものである。これに対して「目標」と「約束」は、儚い「人間関係の網の目」を途切れたままで終わらせずに、新しく紡ぎなおすことを意図している。その源泉にあるのは、「網の目」としての政治的世界を渇望する「世界への愛」である。「約束」は「赦し」とともに、「現れの空間」の出現と持続を可能にする相互的行為なのである。

第四節　「共通感覚」と「世界への愛」——「赦し」と「約束」の源泉

それでは、「共通感覚」と「世界への愛」は、どのような意味で「赦し」と「約束」の源泉[15]をなすのだろうか。「共通感覚」と「世界への愛」の「共-起源的」作用については、すでに第四章第四節にて立ち入って考察した。そこで本節では、新たに次の二つの課題に取り組む。第一に、「赦し」と「約束」の根底には、「共通感覚」と「世界への愛」の働きがあることを明らかにする。第二に、「赦し」と「約束」は別々に働くのではなく、相互に補完しあう関係にあることを明らかにする。

まず「赦し」の働きと、「共通感覚」および「世界への愛」の関係を考察する。筆者のみるところ、「赦し」は、二つの働きに分節化することができる。本章のこれまでの議論を踏まえるならば、第一の働きが「裁き」としての「赦し」であり、第二の働きが「世界への愛」による「赦し」である。「裁き」としての「赦し」は、ある行為に「判断」を下すことで、過去の行為の因果系列から人々を解放し、新しい行為を始めることを可能にする。また、「世界への愛」による「赦し」は、「共通感覚」を働かせることで、自己とは異なる思考を持つ他者が世界に現れることを認め、他者と世界を共有するものである[16]。つまり、それは過去の行為を免罪するという意味と、異質な他者の存在を許容するという、二つの意味での「赦し」である。さらにこの二つの「赦し」は相互関係にある点に留意すべきである。というのも、過去に過ちを犯した他者が新たな行為を始めることを赦す、というのは、言い換えれば、自分と意見が合わないかもしれない他者を世界に受け入れることと同じだからである。したがって「裁き」としての「赦し」もまた、「共通感覚」および「世界への愛」の働きに依拠していると言えよう。

次に、「約束」と「共通感覚」および「世界への愛」の関係を考察する。「約束」は、他者とともに言論によって未来の行為の実現について目標を共有する働きである。時間的な関係から見た場合、政治的空間は、本来的にはそのつどの言語活動によってのみ形成される瞬間的な「場」であるが、「約束」は、反省的理念としての「目標」を他者と共有することによって一定の未来の時点までこの空間を存続させることができる。さらに「約束」は、異質な人々の間でのアクションとリアクションからなる予測不可能な未来に向けて、一定の安定性と方向性をもたらすことを可能にする。この「約束」によって、人々は持続的に他者と世界を共有することが可能になる。これまでの議論と関連づければ、「約束」の源泉となっているのは政治的な構想力と共通感覚であり、世界の「砂漠化」を抑えようと望む「世界への愛」である。

「赦し」と「約束」は、「手すりなき思考」(17)の時代に生きていかねばならない人間にとって、不可欠の政治的行為である。そしてこの二つの行為は、人間存在の有限性である不可逆性と予測不可能性の自覚から生じうるものである。すなわち、人間は自分もまた過ちを犯す存在であると自覚するからこそ他者を赦すことが可能になり、また自分の未来を把握できないからこそ他者と約束することで安定性を得ようとするのである。

さらに補足すれば、「赦し」と「約束」は相互に補完的な関係にある。「赦し」は、「約束」がたとえ未来において破られたとしても、過ちを「裁く」ことによって人々を解放し、再び政治的「出生」を迎えることを赦し、新たな「約束」を交わすことを可能にする働きである。また、「約束」はつねにすでに、その「約束」が果たされない可能性があることへの赦しをはらんでいる。この「赦し」と「約束」が行われなければ、政治的生の領域は消滅してしまうだろう。したがって「赦し」と「約束」の不断の実践は、まさに「政治的生」の空間がそのつど現れるための条件なのである。

上記をふまえるならば、「赦し」と「約束」は、あくまで「活動自身の可能性〔潜在性〕potentialities」(HC, 236–237; VA, 301) が人々の間で現れた時にはじめて現実化〔顕在化〕される「奇跡」である。したがって政治的世界は、活動者たち自身がそのつど新たな活動を自発的に行うことによって出現し、維持されうるのであり、現実態としての世界と可能態としての世界は、「現れ」と「隠れ」の関係にあると言える。この顕現と隠蔽の構造にはアーレントの現象学的政治哲学の特徴が端的に現れている。実際、活動と世界が、可能態から現実態に移行することができるか否かは、個々の新たな活動者と、その活動を聴取する人々に依拠している。「赦し」と「約束」は、互いの異質性を世界の中であらわにしようと望む人々による、奇跡的な自己再生の実践なのである。

以上のように、こうした「現れ」と「隠れ」の関係にある世界の在り方は、つねに「共通感覚」と「世界への愛」の働きに条件づけられており、それによって「赦し」と「約束」ははじめて政治的な意味を獲得することができる。要するに、本書の主題である「政治的生」は、日常生活の場では異質な人々の間で潜在しており、それは「共通感覚」と「世界への愛」が、「赦し」と「約束」という相互的な政治的行為を通じて「共‐起源的」に作用することによって、はじめて現実化・顕在化できるのである。

第五節 「砂漠」に抗って生きていくために――「政治的生」の可能性

本章では、「共通感覚」と「世界への愛」に由来する「赦し」と「約束」が、政治的生の空間をそのつど繰り返し顕現させる構造を明らかにした。それは、アーレント政治哲学の現象学的性格を解明する試みでもあった。しかし、すでに指摘したように、アーレント自身は、この現象学的構造を明確化することがなかった。こうした理由もあって、アーレント哲学は、これまで多くの誤解や多方面からの批判に曝されてきた。それについても、すでに詳しく考察したとおりである。

それにもかかわらず、今日においてもなお、アーレント思想に対する研究および関心はグローバルな規模で衰えることがない。本書は最後に、アーレントの今日的意義について、あらためて考えることにしたい。

アーレントの「政治的生」に関する諸理念は、二十一世紀における生の危機的状況の中でいかなる積極的な意義をもちうるのだろうか。この問いに答えるために、筆者は、アーレントの残した成果と課題を引き継ぐ二人の思想家の見解を手がかりとしたい。

現代イタリアの政治哲学者ジョルジョ・アガンベンは『ホモ・サケル』[18]の中で、アーレントやフーコーを引きながら、自然的・生物学的生としてのゾーエーと、政治的・倫理的生としてのビオスが、古代ギリシャ以来明確に区別されていたことを指摘する。アガンベンの生概念は、エファ・ゴイレンも指摘しているように、アーレントのビオスとゾーエーの区別に大きな影響を受けている[19]。

アガンベンは近代以降の人間の生の状態を「剝き出しの生」と表現した。彼が危惧しているのは「排除と包含、外部と内部、ビオスとゾーエー、法権利と事実が、還元不可能な不分明地帯に入る」ことによって、「剝き出しの生」が人間の生の全体へと拡大されていく事態である。つまり「生きものとしての人間がもはや政治的権力の対象としてではなく主体として提示される過程[20]」である。アガンベンは、この事態を「生の政治化」「生物学‐科学の原則が政治的次元に理解不可能な仕方で侵入していく[21]」と表現している。アガンベンによるこの指摘は、アーレントが予見した現代社会における「政治的生」の消滅の危機を物語っている。すなわちアガンベンもまた、アーレントの抱いていた切実な危機感を共有していたと言える。

二〇世紀後半のフランス思想界を代表する哲学者のデリダもまた、『赦すこと――赦し得ぬものと時効にかかり得ぬもの』の中で、赦しの行為遂行的性質について論じている。「人が赦し得るのは、あるいは赦しを乞い得るのはただ、語ることによってのみ、他者の言語を分有することによってのみ」である[22]。さらにデリダは、「正義と赦し」というテーマで行われた対談の中で、「赦しの不可能性の中にこそ、純粋な赦しの可能性が立ち現れてくるのではないか」と問いかける。(23) デリダの言明は、アーレントと問題意識を共有する一方で、「赦し」が限界状況の中でいかにして現れることができるか、というアーレントの残した課題に向き合っているように思える。

デリダのこの問題提起に対して、筆者はアーレントの現象学的解釈の立場から、次のように答えてみたい。アーレントは「赦されざる行為」と「赦されざる人」を慎重に区別している。政治的「赦し」は、ある特定の行為の結果を放免することではなく、ある過ちを犯した人が、新しい対話の場に再び参入することを赦すことなのである。たとえば、殺人という行為を赦すのではなく、殺人を犯した者が他者に向けて自由に語りかけることを赦すのである。この政治的「赦し」がなければ、罪を犯した者は和解のテーブルに着くこともできないであろう。

ただし、政治的「赦し」は無条件に与えられるわけではない。アーレントは、明らかに赦されうる「罪」と赦されざる「罪」を区別している。アーレントは、「罰することも赦すこともできない悪」について、次のように述べている。「したがってそのような〔悪〕は、人間事象の領域と人間の潜在的な力を超えているだけでなく、それが姿を現わすところでは、人間事象の領域と人間の潜在的な力が根本から破壊されてしまう」(HC, 241)。筆者のみるところ、このアーレントの言葉の意図は、次の点にある。「赦し」は、他者と対話のテーブルを共有しようとする者、つまり政治的「共通感覚」と「世界への愛」を発揮しようと試みる者に対してのみ、行われうる。なぜなら、他者の声に耳を傾け、他者に向けて語りかけようとしないものには、そもそも「赦し」という相互的言語行為が行われることは不可能だからである。

ところで、アーレントの言語遂行論的な政治的「赦し」の理論は、デリダの言う「赦し」の限界状況に対して、どこまで応答できているだろうか。この論点は依然として、今後の課題として残されている。上記の課題を引き受けたうえで、さらなる思索・行為・判断を新たに始めていくことが、現在と未来の研究者に求められていると言えよう。

上記の考察によって筆者は、アーレントの政治哲学が、現代の政治哲学および倫理学に対して有する大きな影響力の一端を示した。本書の成果と重ねるならば、アーレントの提起した問いは、「現れを奪われること」による人間的生の喪失という避けがたい暴力的構造に抗して、いかにして人間的生を回復できるか、という切実な現代的問題であった。言い換えれば、本書は、アーレント政治哲学の現象学的解釈を踏まえることによって、アガンベンやデリダらの取り組んだ政治哲学的問題および倫理学的問題の、より深い意味に触れることができた、と考えている。本書で解明してきたアーレントの「共通感覚」と「世界への愛」は、こうした現代的問題に対するひとつの有意義な道標をなしていると言えるであろう(24)。

さらにアーレント哲学の現代的意義について補足すれば、現代の複雑化した多文化社会、多文化共生社会におけるマジョリティによるマイノリティに対する支配の構造についても、アーレントは重要な先駆的分析を行っていた。アーレントは『ユダヤ論集』に収録された論考で、今も悲惨な状態が続いているパレスチナの支配権をめぐる議論のなかで問題となっていた、「マジョリティ」と「マイノリティ」の区別に基づく構造を批判した。アーレントは「マジョリティ」が「マイノリティ」に対して権利と保障を与えるという構造それ自体に、他者を対象化する暴力性が潜んでいる点を指摘したのである（JW, 193–198）。また、同論集所収の別の論考のなかでは、ユダヤ人が「難民」としてヨーロッパ社会から迫害され、同化を強いられ、世界から排除されてきた歴史について論じていた（JW, 264–274）。生の場所を奪われ、「法益被剝奪者」とされてきた民族に対するアーレントの分析は、今日なお続く民族主義、自文化中心主義、「マイノリティ」に対する偏見・差別・排除、生政治の暴力性、異質な他者との共存・共栄の困難さなど、現代の哲学的・倫理的・政治的な諸課題を提起し続けている[25]。

こうした理由から筆者は、アーレントの提示した「政治的生」に関する諸理念が、「剝き出しの生」によって人間的生が覆い隠された現代においてこそ、一層必要とされていると考える。なぜなら、もし私たちが暴力的な「剝き出しの生」ではなく、異質な他者と世界を共有する生を望むならば、アーレントが「赦し」と「約束」について語ったように、政治的自由の「代償」としての不可逆性と予測不可能性を引き受けざるをえないからである。

アーレントの言う「砂漠」とは、世界への無関心と異質な他者の排除により、人々の多様な「現れ」が消失する危機的状況である。しかし「砂漠」を避けることは今日において不可能であり、そのこともアーレントは自覚していた。「共通感覚」と「世界への愛」は、「砂漠」の中で生きていかざるをえない人々が、他者と共に唯一の「誰か」として生きることを、すなわち「政治的生」を可能にする力である。

注

（1）例えばリクールは、アーレントの「赦し」と「政治的友情」の概念を取り上げ、これらをモースの贈与論と重ねあわせている。Paul Ricœur, *La mémoir, l'histoire, l'oubli*, Seuil, 2000.（『記憶・歴史・忘却』久米博訳、新曜社、二〇〇五年）また、デリダはドイツ語の Vergeben とラテン語系の pardon（don は贈与を意味する）の類似性に言及しながら、「赦し」の根底には絶対的贈与があると論じている。Jacques Derrida, *Pardonner. L'impardonnable et l'imprescriptible*, Paris : Galilée, 2012.（『赦すこと──赦し得ぬものと時効にかかり得ぬもの』守中高明訳、未來社、二〇一五年）

（2）牧野英二「「持続可能性の哲学」と「津波てんでんこ」の倫理」、牧野英二他編『哲学の変換と知の越境』法政大学出版局、二〇一九年、一八頁。

（3）Jacques Derrida, *Sur parole: instantanés philosophiques*, Éditions de l'Aube, 1999, p. 141.（『言葉にのって』林好雄他訳、ちくま書房、二〇〇一年）

（4）『人間の条件』における forgiveness は、同書の独語版である『活動的生』では Verzeihen と Vergeben という二語に分けて用いられる。一般的には、Verzeihen は zeihen（罪を科すこと）の否定形の名詞化であり、「罪を科すことを止めること」「過去の行為の負債から行為者を解放すること」を意味する。それに対して Vergeben は、「免罪、許可、任務、約束を与えること」を意味する。『活動的生』では、アーレントにおいて Verzeihen は政治的赦しの文脈において用いられ、Vergeben は主として聖書からの引用の場面で用いられている。

（5） Julia Kristeva, *Hannah Arendt: Life is a Narrative*, translated by Frank Collins（Alexander lectures, 1999）, University of Toronto Press, 2001.（『ハンナ・アーレント講義——新しい世界のために』青木隆嘉訳、論創社、二〇一五年）

（6） Ibid., p. 77.

（7） Ibid., p. 78.

（8） Ibid., p. 80.

（9） Ibid., p. 82.

（10） Ibid., pp. 82–83.

（11） だが後述するように、クリステヴァの「裁き」の議論は、宗教的側面が強いために、政治的判断力や政治的生の議論と結びつかない点で、不十分である。

（12） 隣人愛と人間への「赦し」の行為を、神への愛を実践する決断的行為と解釈する文献として下記を参照。Rudolf Bultmann, *Jesus*, J.C.B. Mohr（Paul Siebeck）, Tübingen, 1926. 筆者の解釈では、アーレントの『アウグスティヌスの愛の概念』は、ブルトマンをはじめとする当時の隣人愛解釈に対する批判の試みであったと考えられる。

（13） 森川輝一『〈始まり〉のアーレント——「出生」の思想の誕生』岩波書店、二〇一〇年、三二五—三二八頁。

（14） ニーチェの「砂漠」（Wüste, 荒野）のメタファーは、『ツァラトゥストラはこう語った』に登場する。そこでは、「砂漠」は「神の住まぬ場所」と描写される（Z, 129）。さらに、「砂漠」は「孤独の極み」（Z, 26）であり、人間の精神は既成の諸価値や道徳といった重荷を背負いながら、「駱駝」として、もはや神がいない「自分自身の砂漠」(ibid.) へ向かうことになる。そして「駱駝」の精神は、砂漠を乗り越えることによって、既成の諸価値にとらわれない「獅子」の精神へと変身することができるのである。他方、アーレントの「砂漠」概念はニーチェとは異なり、複数の人々の間を結ぶ「網の目」が失われる事態を意味している。ただし、アーレントの「砂漠」(desert, Wüste) 概念が『アウグスティヌスの愛の概念』から「政治入門」草稿までの間に、神学的解釈から政治哲学的解釈へと変化している点に注意すべきである。アーレントにおけるWüsteの概念史的考察は重要な課題であるが、本書の主題とは離れるため、ここでは立ち入らない。なおニーチェ解釈については下記を参照した。Gilles Deleuze, *Nietzsche*, Presses Universitaires de France, 1995.(『ニーチェ』湯浅博雄訳、筑摩書房、一九九八年)

(15)「源泉」を、ここでは「根源」(Ursprung) という意味で用いている。「根源」とは、「それ自体は潜在しているが、存在者の現出を可能にさせる」作用である。すなわち、「共通感覚」と「世界への愛」は、それ自体は人々の間に潜在しているが、「赦し」と「約束」が潜在の状態から顕在の状態に現れることを可能にさせている。そしてさらに「共通感覚」と「世界への愛」の背後には、多様な人々が現にそこにいるという「複数性の事実」が隠れているのである。上記のアーレントの現象学的構造は、筆者のみるところ、ハイデガーの現象学的存在論の影響を多大に受けている。たとえば安部浩によれば、ハイデガーは『芸術作品の根源』の中で、「根源」について次のように説明している(ハイデガーフォーラム編『ハイデガー事典』昭和堂、二〇二一年、三三四頁)。「根源」の語義は「本質の由来から跳躍してなにかを達成すること(erspringen)」であり(GA5, 65–66)、「存在者が発源する(entspringen)際に、まさにそのような存在者の現出をそもそも可能ならしめている明るみとして機能しているものの、それ自身は当の存在者の背後にどこまでも隠れ続けている」のが「根源」の独自の在り方である。ただし、アーレントの問題圏はあくまでも世界の中で現れる人々の政治的行為であり、ハイデガーのピュシス論とは距離をとる点に注意すべきである。

(16) アーレントは古代ローマの「敗者への赦し」(parcere subiectis) を理念的モデルとしている (HC, 239; VA, 305)。この理念は、自国とは異なる人々と平和的条約によって同盟を結び、互いの異他性を損なうことなく新たな政治的領域を共有することを意味している (POP, 183–135)。

(17) 「手すりなき思考」とは、アーレントがハンス・ヨーナスとの対話の中で使った言葉である。ロナルド・ベイナーはこの言葉を、「我々がもはや我々の思考を導く一連の確実な究極的価値を所有していない」という事実を指すものだと解する (LKPP, 115)。アーレントとヨーナスの対話は、『ハンナ・アーレント――公共的世界の回復』(*Hannah Arendt, the recovery of the public world*, edited by Melvyn A. Hill, St. Martin's Press, 1979, pp. 311–315) に掲載されている。なお、「手すりなき思考」の時代への警戒については、牧野英二『カントを読む』(岩波書店、二〇〇三) 二〇―二四頁も参照のこと。

(18) Giorgio Agamben, *Homo sacer: Il potere sovrano e la nuda vita*, Torino, Einaudi, 1995. (『ホモ・サケル――主権権力と剝き出しの生』高桑和巳訳、上村忠男解題、以文社、二〇〇三年) なお、引用に際してはフランス語版 (*Homo Sacer:le pouvoir souverain et la vie nue*, Le Seuil, Paris, 1998) を用いる。アーレントとアガンベンを比較した先行研究には、以下の文献がある。Ayten Gündoğdu, *Rightlessness in an Age of Rights: Hannah Arendt and the Contemporary Struggles of Migrants*, Oxford Univercity Press, 2015.

(19) Eva Geulen, *Giorgio Agamben zur Einführung*, Junius, 2016. (『アガンベン入門』岩崎稔・大澤俊朗訳、岩波書店、二〇一〇年) ただし、ゴイレンの指摘するように、アガンベンはアーレントの「出生」や「現れの空間」としてのビオス的生の空間という概念を正しく理解できていない。紙面の都合上、本書では、アーレントとアガンベンの詳細な比較研究には立ち入らないこととする。

(20) Agamben, 1998, pp. 16–18.

（21） Ibid., pp. 132-133.

（22） Derrida, 2012, p. 66.

（23） Derrida, 1999, p. 141.

（24） 千葉眞は、アーレントの政治哲学の原理が「抵抗原理」としての性格をもっていることと、現代政治におけるその重要性を適切に指摘していた。千葉説は、「アーレントの権力論を考察し、その議論を本来の脈絡である市民の政治参加の地平において捉え直し、ガンディー的な意味での非暴力抵抗の権力としてそれを生かす可能性について考察した」。もっとも、千葉説は、アーレント政治哲学の現象学的性格を明らかにしてはいない。詳細は、千葉眞著『アーレントと現代』八一頁および一一九頁を参照。

（25） 押山詩緒里「著作解題　ユダヤ論集」『アーレント読本』アーレント研究会編、法政大学出版局、二〇二〇年、三七六―三七七頁。

結論

本書は全五章の考察をもって、序論の提起した諸課題を解明してきた。本書の目的は、アーレントの「政治的生」が、「共通感覚」と「世界への愛」の「共‐起源的」な相互作用の中で現れることを、現象学的観点から解明する点にあった。

以下では、本書の研究成果の全体を俯瞰するために、各章の論述順に従って、考察のプロセスを整理しておきたい。

第一章では、アーレントのポリス概念の現象学的構造を明らかにすることで、「現れの空間」が、人間の「政治的生のリアリティ」が顕在化できる唯一の場所であることが示された。アーレントは「生」概念を生物学的生（ゾーエー）と政治的生（ビオス）に厳密に区別していた。人間存在の唯一で代替不可能なビオス的生は、異質な人々との語りと聴取の営みをそのつど始めることによって、はじめて顕在化し、現実性と実在性をもつことが可能であった。そしてビオス的生が営まれる「現れの空間」もまた、人々の語りと聴取が行われている間だけ、行為遂行的に現実化・顕在化することができるのであった。

第二章では、「現れの空間」を生み出す「政治的自由」概念の分析を通じて、「政治的生の空間」が顕現するために必要な条件を明らかにした。「政治的自由」は、「構想力の自由」と「自発性」という二重の意味を有していた。「構想力の自由」とは、異なる他者とともに語りあう自由であり、「世界を共有する感覚」としての政治的共通感覚に由来していた。「自発性」とは、異質な他者へ自らの意見をさらけだす「政治的勇気」によって新たに行為を始める自由であった。また「政治的勇気」の根源には「世界への愛」があることが明らかになった。さらに、「構想力の自由」と「自発性」が、言い換えれば共通感覚と「世界への愛」が相互的に働くことで、はじめて「現れの空間」が現実化・顕在化可能になることが示された。

第三章では、「政治的生」の空間が顕現するための第一の条件である共通感覚の現象学的意味を明らかにした。ここでは、カントの「天才」および「趣味」の概念と、アーレントの「行為者」および「注視者」の概念を類比的に解釈することによって、「行為者」と「注視者」が相互に現象を促す「共-起源的」な関係にあることが示された。「行為者」と「注視者」は、それぞれの立場から構想力と共通感覚を働かせることによって「政治的生」の空間を現象させることができた。「行為者」と「注視者」は、共通の出来事について多様なパースペクティブから語りあうことによって、世界の中で「意見」の真実性と現実性をあらわにすることができた。「行為者」と「注視者」の間で形成される「現れの空間」は、かけがえのない「政治的生」の出来事を、暴力的な隠蔽構造から救い出すものであった。

第四章では、「政治的生」の空間が顕現するための第二の条件である「世界への愛」の現象学的意味を明らかにした。アーレントの「世界への愛」は「政治的友情」と同様の働きをもっており、「尊敬」によって他者と距離をおき、同時に対話を交わすことで他者と接近するという、二つの働きをもっていた。この「距離」と「接近」という二つの働きが同時に発揮されることによって、「政治的生」の空間は人々の間に現れることができた。そして、「世界への愛」とは対照的に、「同胞愛」は同一性の原理によって共同体内部を画一化し、異質な他者を排除するものであった。したがって「同胞愛」は、異なる人々の間で形成される「人間関係の網の目」を消失させ、「政治的生」が現れることのできる唯一の場所である「世界」を隠蔽する危険性をもっていた。「世界への愛」は、「同胞愛」による同化と排除から「政治的生」の空間を守るために不可欠な根本条件であった。

第五章では、共通感覚と「世界への愛」の「共‐起源的」な相互作用が「政治的生」の空間を繰り返し出現させる構造を明らかにするために、「赦し」と「約束」という二つの政治的能力に着目した。「赦し」は、共通感覚と「世界への愛」を働かせることで、不可逆の行為による過ちと復讐の連鎖から人々を解放し、新たな活動を始めることを可能にするものであった。そして「約束」は、自らの行為の結果を予測することのできない人間が、方向づけとしての「目標」を共有することで、そのつど新たに関係性を結ぶことを可能にする働きであった。「赦し」と「約束」の根源にあるのは、「政治的生」の空間の喪失という「砂漠化」を拒む人間の判断であり、その判断の根本契機となるのが「世界への愛」であった。したがって「赦し」と「約束」は、共通感覚と「世界への愛」を根源にもっていた。「赦し」と「約束」の相互作用によってはじめて、人々は世界に「再出生」することができ、政治的生」の空間もまた、そのつど新たに現実化・顕在化することが可能になるのであった。

各章の考察によって、本書は「現れの空間」の現象学的構造と、世界とその中で活動する人々の「共－起源的」関係を解明することができた。本書の結論は、次の三点に集約することができる。

第一に、本書は「政治的生」が営まれる場である「現れの空間」が、現象学的な潜在と顕在の動的構造にあることを明らかにした。「現れの空間」は、物理的な場所ではなく、異質で多様な人々の間を結ぶ「人間関係の網の目」を意味する。「網の目」としての「現れの空間」は、人々が沈黙しているときには潜在の状態にあり、自由な語りと聴取が現に行われている間にのみ顕在する、一回的で偶然的な言論空間であった。この儚い「現れの空間」は、人間存在の「かけがえのなさ」が現れることができる唯一の場である。したがって「現れの空間」が隠されれば、人間的な生のリアリティもまた隠蔽され、消失してしまうのである。

第二に、本書は共通感覚と「世界への愛」が「共－起源的」関係にあることを明らかにした。共通感覚とは、自分とは異なる他者の立場に立って考える「視野の広い考え方」であり、他者との対話を可能にする働きである。そして「世界への愛」は、政治的行為を始める自発性と政治的勇気の源泉であり、異質な他者と共に世界を形成するように人々を促す働きである。すなわち、「世界への愛」は共通感覚が発揮されるための原動力であり、共通感覚は「世界への愛」が向けられる政治的世界の形成それ自体を可能にしている。この意味で、両者は互いの根本条件であり、「共‐起源的」な相互作用である。

第三に、本書は上記の二点から、共通感覚と「世界への愛」の「共‐起源的」な相互作用が、「現れの空間」およびそれを形成する人々の「政治的生」を顕現させるために、根源的な働きであることを解明した。

上記の結論をふまえて、アーレントの現象学的政治哲学が有する現代的な意義を考えるために、いまいちど本書の冒頭で示した問いに立ち戻ってみたい。

私たちは、砂漠の中で生きている。好むと好まざるとにかかわらず、すでに砂漠の中に投げ出されている。それは、自身の現れの危機であり、同時に世界の現れの危機でもある。先述の通り、「政治的生」の空間の顕在化と、その条件である共通感覚および「世界への愛」の相互作用は、人間が異質な他者と共にリアリティをもって生きていくために必要不可欠である。しかしながら、二十一世紀の社会において、国家的な嘘による生のリアリティの隠蔽や、「同胞愛」に根差した排他的社会傾向は、ますます顕著になってきていると言える。こうした事態は無世界性の拡大という「砂漠化」を加速させる大きな要因となっている。(1)

だが、むしろ避けられぬ危機の時代であるからこそ、アーレントの「政治的生」の哲学は最後の拠り所として求められていると筆者は考える。彼女が示した「政治的生」、「共通感覚」、「世界への愛」

は「砂漠化」に抵抗するための重要な批判的理念であるとともに、生き方の方向づけとして、つまり「目標」として共有されることが、切実に求められているのである。

注

（1） 補足として、本書では立ち入ることができなかった論点や、アーレントへの批判についても少しだけ触れておきたい。紙面の都合上、深く立ち入ることはできないが、今後取り組むべき重要な検討課題である。その課題とは、端的にいえば「アーレントが言語と共通感覚にむけている信頼は、はたして妥当であるのか」という問いである。たとえば、現代のアメリカの政治哲学者でありアーレント研究者でもあるJ・バトラーは、アーレントの「現れの空間」を人間の自由な生が現れる場として高く評価する一方で、ビオスとゾーエーを厳格に区別しようとするアーレントの方法の限界を批判する。なぜなら、バトラーによれば、政治的行為者としての人間の生と、生物としての人間の生は、けっして切り離すことができないからである。さらにバトラーは、言語の身体性と暴力性について言及している。バトラーは「語り自体が身体行為であること」を繰り返し強調する。生き生きとした他者を特定の言葉によって名指すこと。社会や国家が、語ってもよいことと悪いことの境界線を暗黙のうちに引くことで、人々へ沈黙を強制し、広場へ現れる自由を奪うこと。これらは人間の「現れ」の剝奪であり、人間を身体的にも存在としても傷つけることを意味する。こうしたバトラーの議論は、アーレントの現象学的政治哲学の意図を理解した上で、なお次のような諸課題を突きつけている。「言語」に依拠しない「語り」の可能性はあるのか。「語り」の機会そのものを身体的に奪われた人々は、いかにして「現れ」ることが可能であるのか。ある自由な「語り」が行われたとき、それによって隠されてしまう別の「語り」はあるのではないか。これらの問いに関連しては、すでにJ・クリステヴァが『アーレント講義』の中で、自由で平等な対話の条件である言語や共通感覚の信頼性に対して疑義を呈していた。バトラーやクリステヴァの問題提起は、人間の言語の前提や、身体性と「語り」の関係に迫る根本的な問いであり、現代の哲学的思索にとって喫緊の課題である。Judith Butler, *Notes toward a performative theory of assembly*, Harvard University Press, 2015.（『アセンブリ——行為遂行性・複数性・政治』佐藤嘉幸・清水知子訳、青土社、二〇一八年）Judith Butler, *Excitable Speech: a Politics of the Performative*, Routledge, 1997.（『触発する言葉——言語・権力・行為体』竹村和子訳、岩波書店、二〇〇四年）Julia Kristeva, *Hannah Arendt: Life is a Narrative*, translated by Frank Collins, University of Toronto Press, 2001.（『ハンナ・アーレント講義——新しい世界のために』青木隆嘉訳、論創社、二〇一五年）

おわりに

本書は、二〇二三年三月に法政大学大学院人文科学研究科より博士（哲学）の学位を授与された論文「ハンナ・アーレントの「政治的生」の現象学的研究――「共通感覚」と「世界への愛」を手掛かりに」を加筆・修正したものである。

こうして本書を刊行することができたのも、たくさんの方々に支えて頂いたおかげである。この場を使って、紙面の許すかぎり御礼と謝辞を申し上げたい。

まず、指導教授であり、学位論文の主査を務めてくださった君嶋泰明先生（法政大学）に御礼を申し上げたい。君嶋先生には、ご専門であるハイデガー研究からのご指導に加え、現象学、存在論、真理論などの様々な哲学的観点からご教授頂くことができた。ひとつひとつの哲学的概念を、より明確に、具体的に、自分の言葉で解きほぐしていくことの重要性を学ばせて頂いた。君嶋先生がいらっしゃらなければ、こうして本書が完成することもなかっただろう。心からの感謝を申し上げる。

次に、学位論文の内部副査を務めて下さった奥田和夫先生（法政大学）、菅沢龍文先生（法政大学）にも御礼を申し上げたい。奥田先生は古代ギリシャ哲学研究の観点から、菅沢先生はカント研究の観点から、厳しく本論文を審査してくださった。先生方から頂戴した的確なご指摘とご助言のおかげで、本書をよりよい形で完成させることができた。ここに感謝を申し上げる。

そして、学位論文の外部副査を務めてくださった牧野英二先生（法政大学名誉教授）にも御礼を申し上げたい。牧野先生には筆者が大学に入りたての頃から、研究者としても人間としても、本当にたくさんのことを教えて頂いた。思えば、筆者が初めてアーレントに触れたのは、学部生の頃に牧野先生のご講義を伺ったときであった。この偶然の出会いがなければ、筆者がアーレント研究を続けることも、博論に挑むことも、本書を書くこともなかっただろう。牧野先生には、アーレントだけでなく、カントの判断力論や、ハイデガーの存在論、さらには哲学的諸概念をその起源と歴史的文脈までさかのぼって理解する解釈学的なテキスト読解の方法など、様々なことを教えて頂いた。共同体的感覚としての共通感覚、「手すりなき思考の時代」である現代を覆うニヒリズムの問題、政治的判断力のもつ豊かな可能性および課題といった、本書で扱った重要概念の多くは、牧野先生にお教え頂いたものである。改めて、深く感謝を申し上げる。

続いて、法政大学でお世話になった先生方に御礼を申し上げたい。森村修先生（法政大学）には、フッサールやデリダの現象学をはじめ、フーコーの「生政治」概念や、現代の応用倫理学的な課題など、多岐にわたって教えて頂いた。竹本健先生（元・法政大学）には、アウグスティヌスの神学や、ブルトマンによる「史的イエス」および「神への愛」の実存論的解釈について教えて頂いた。笠原賢介先生（元・法政大学）には、ハイデガーのニーチェ解釈を学ばせて頂くとともに、ニーチェの遠近法的思考とアーレントの親近性や、レッシングの『賢者ナータン』についても教えて頂いた。鵜澤和彦先生（法政大学）には、ガダマーの解釈学と間主体的な意味形成の理論を教えて頂いた。先生方から学ばせて頂いた知恵と知識のおかげで、哲学史の中で、アーレントをより深く読み解くことができた。心より感謝を申し上げる。

博士ゼミでは、山本英輔先生（金沢大学）、齋藤元紀先生（高千穂大学）、小野原雅夫先生（福島大学）、伊藤直樹先生（法政大学）、近堂秀先生（法政大学）、相原博先生（法政大学）、大森一三先生（文教大学）、田島樹里奈先生（東京交通短期大学）、高屋敷直広先生（日本学術振興会特別研究員）、関口貴太氏（法政大学博士後期課程）、京念屋隆史氏（法政大学博士後期課程）に、大変お世話になった。ゼミの先輩方から頂いた忌憚のないご意見と温かい励ましは、いつも貴重な道標となって筆者を助けてくれた。尊敬する先生方や後輩諸氏と同じ場所で過ごした時間は、筆者にとって一生の財産である。深く感謝を申し上げるとともに、今後とも先輩方の背中を追って精進していきたい。

そして、日本アーレント研究会でお世話になっている諸先生方にも御礼を申し上げたい。三浦隆宏先生（椙山女学園大学）にはアーレントの活動論の倫理的解釈と実践の観点から、百木漠先生（関西大学）にはマルクス論との関係から、齋藤宜之先生（中央大学）にはカント『判断力批判』との関係から、貴重な示唆をたくさん頂くことができた。

また、特にアーレントのフランス哲学との関係については、渡名喜庸哲先生（立教大学）と柿並良佑先生（山形大学）に多くのことを教えて頂いた。アーレントがフランスで受容された経緯や、ナンシーとアーレントの接点など、大変興味深いお話を伺うことができた。

さらに、千葉眞先生（国際基督教大学名誉教授）とD・R・ヴィラ先生（University of Notre Dame, USA）には、日本アーレント研究会とハイデガー・フォーラムの合同企画の場で、貴重なアドバイスを賜ることができた。当時、博論執筆に悪戦苦闘していた筆者が、アーレント研究の大家であるお二人と言葉を交わし、「現れの空間」の現象学的解釈と「世界への愛」についてご助言を頂戴できたことは、本当に貴重な体験だった。

そして、同年代の研究者である橋爪大輝先生（山梨県立大学）には、同じく哲学分野からアーレントについてご研究されている仲間として、いつも刺激と勇気を頂いている。橋爪先生のご高著である『アーレントの哲学――複数的な人間的生』（みすず書房、二〇二二年）は、アーレントの『活動的生』と『精神の生』の統一的解釈を企図した意欲作であり、大変勉強させて頂いた。

アーレント研究会という多様な人々が集う場所があったからこそ、様々な「人間関係の網の目」を結ぶことができ、複数的な思索によってアーレントに関する理解を深めることができたと考えている。心より感謝を申し上げる。

なお本書は、二〇二三年度法政大学大学院優秀博士論文出版助成金を受けて出版されたものである。本書の出版と編集をお引き受けくださった法政大学出版局の郷間雅俊氏は、筆が遅い筆者を根気強く励ましてくださり、丁寧かつ的確なアドバイスで導いてくださった。本書が無事に発刊されるはこびとなったのは、ひとえに郷間氏のご尽力のおかげである。ここに深い感謝とお詫びを申し上げる。

最後に、筆者を見守ってくれた人々への感謝を綴って、本書を締めくくることにしたい。長年にわたり筆者を支えてくれた母・千佳子。温かく寄り添ってくれた愛猫・あじさい、みかん、ナツメ。尊敬する友である大住季ゑ、林郁恵、櫻庭久美、菅野清香。そして、筆者に哲学の道を示してくれた最初の人であり、二〇二三年七月二四日に他界した父・押山憲昭。素晴らしい家族と友人たちがいてくれたことは、筆者にとって本当に幸せなことである。改めて、言葉に尽くせぬ感謝を捧げたい。

二〇二四年一月一〇日

押山 詩緒里

初出一覧

序　論　書き下ろし

第一章　「アーレントの「政治的生」の現象学的解釈——ビオスのリアリティの救済にむけて」『法政哲学』第17号、法政哲学会編、二〇二一年三月。

第二章　「アーレントの共通感覚と勇気の現象学的解釈——「現れの空間」としての世界の条件」『法政大学大学院紀要』第82号、法政大学大学院編、二〇一九年三月。

第三章　「アーレントにおける「政治的生」の現代的意義——「行為者」と「注視者」の現象学的解釈を手掛かりに」『法政大学大学院紀要』第79号、法政大学大学院編、二〇一七年一〇月。

第四章　「アーレントにおける「世界への愛」と「共通感覚」の現象学的分析——「同胞愛」の危険性に対する批判」『法政大学大学院紀要』第81号、法政大学大学院編、二〇一八年一〇月。（二〇一九年度泰本賞受賞論文）

第五章　「アーレントにおける「赦し」と「裁き」——クリステヴァによる解釈を超えて」『現象学年報』第32号、日本現象学会編、二〇一六年。

結　論　書き下ろし

※既出論文については、収録にあたりすべて加筆修正を行っている。

［著者］

押山詩緒里（おしやま・しおり）

1987年生まれ。2022年度，法政大学大学院人文科学研究科哲学専攻博士後期課程修了，博士（哲学）。専門領域は哲学，倫理学，現象学，政治哲学。2024年度より法政大学非常勤講師。主要論文：「アーレントにおける「赦し」と「裁き」――クリステヴァによる解釈を超えて」（『現象学年報』第32号，日本現象学会編，2016年），「アーレントにおける「世界への愛」と「共通感覚」の現象学的分析――「同胞愛」の危険性に対する批判」（2019年度法政哲学会「泰本賞」受賞論文），「アーレントの「政治的生」の現象学的解釈――ビオスのリアリティの救済にむけて」（『法政哲学』第17号，法政哲学会編，2021年），共著：『アーレント読本』（日本アーレント研究会編，法政大学出版局，2020年）など。

〈砂漠〉の中で生きるために

アーレント政治哲学の現象学的研究

2024年2月20日　初版第1刷発行

著　者　押山詩緒里

発行所　一般財団法人　法政大学出版局

〒102-0071　東京都千代田区富士見2-17-1

電話03（5214）5540　振替00160-6-95814

組版：HUP　印刷：三和印刷　製本：積信堂

ISBN978-4-588-13039-7

人名索引

ア 行

カ 行

サ 行

タ 行

ナ 行

ハ 行

マ 行

ヤ 行

ラ 行

事項索引

さ 行

た 行

な 行

は 行

ま 行

参考文献一覧

一次文献

A. 著作

Arendt, Hannah. *Between Past and Future: Eight Exercises in Political Thought*, introduction by J. Kohn, Penguin Classics, 2006. [初版 1961]（『過去と未来の間』引田隆也・齋藤純一訳，みすず書房，1994 年）

—— *Crises of the Republic*, Harcourt Brace & Company, 1972.（『暴力について——共和国の危機』山田正行訳，みすず書房，2000 年）

—— *Denktagebuch: 1950–1973,* ed. Ursula Ludz und Ingeborg Nordmann, Piper, 2003.（『思索日記』1953–1973. I/II，青木隆嘉訳，法政大学出版局，2006 年）

—— *Eichmann in Jerusalem: A Report on the Banality of Evil*, Penguin Classics, 2006. [初版 1963]（『新版　エルサレムのアイヒマン——悪の陳腐さについての報告』大久保和郎訳，みすず書房，2017 年）

—— *Essays in Understanding: 1930–1954*, edited and with an introduction by Jerome Kohn, Schocken Books, 2005. [初版 1994]（『アーレント政治思想集成 1　組織的な罪と普遍的な責任』齋藤純一・山田正行・矢野久美子訳，みすず書房，2002 年。『アーレント政治思想集成 2　理解と政治』齋藤純一・山田正行・矢野久美子訳，みすず書房，2002 年）

—— *The Human Condition*, University of Chicago Press, 1958.（『人間の条件』志水速雄訳，筑摩書房，1994 年）

—— *Ich will verstehen: selbstauskünfte zu Leben und Werk*, ed. Ursula Ludz, Piper, 1996.

—— *The Jewish Writings*, Jerome Kohn and Ron H. Feldman (eds.), Schoken Books, 2008. [初版 2007]（『ユダヤ論集 1　反ユダヤ主

義』山田正行・大島かおり・佐藤紀子・矢野久美子訳，みすず書房，2013年。『ユダヤ論集2　アイヒマン論争』齋藤純一・山田正行・金慧・矢野久美子・大島かおり訳，みすず書房，2013年）
—— *Der Liebesbegriff bei Augustin: Versuch einer philosophischen Interpretation*, Frauke A. Kurbacher (Hrsg.), Felix Meiner, 2018.［初版1929］（『アウグスティヌスの愛の概念』千葉眞訳，みすず書房，2002年）
—— *Lectures on Kant's Political Philosophy*, edited and with an interpretive essay by R. Beiner, University of Chicago Press, 1982.（『カント政治哲学の講義』浜田義文監訳，法政大学出版局，1987年）
—— *The Life of the Mind I: Thinking*, Harcourt Brace & Company, 1978.（『精神の生活　上　第一部：思考』佐藤和夫訳，岩波書店，1994年）
—— *The Life of the Mind II: Willing*, Harcourt Brace & Company, 1978.（『精神の生活　下　第二部：意志』佐藤和夫訳，岩波書店，1994年）
—— *Men in Dark Times*, Harcourt Brace & Company,1968.（『暗い時代の人々』阿部斉訳，河出書房新社，1995年）
—— *On Revolution*, Penguin Classics, 2006.［初版1965］（『革命について』志水速雄訳，筑摩書房，1995年）
—— *The Origins of Totalitarianism*, Harcourt Brace & Company, 1973.［初版1951］*Elemente und Ursprünge totaler Herrschaft: Antisemitismus, Imperialismus, Totalitarismus*, Piper, 1996.［初版1955］（『全体主義の起源』『I　反ユダヤ主義』大久保和郎訳，みすず書房，1972年。『II　帝国主義』大島通義・大島かおり訳，みすず書房，1972年。『III　全体主義』大久保和郎・大島かおり訳，みすず書房，1974年）
—— *Philosophy and Politics*, Social Research, vol. 57. No. 1. Spring, 1990.
—— *The Promise of Politics*, edited and with an introduction by Jerome Kohn, Schocken Books, 2005.（『政治の約束』高橋勇夫訳，筑摩書房，2018年）
—— *Responsibility and Judgment*, Schocken Books, 2003.（『責任と判断』（中山元訳，筑摩書房，2007年）
—— *Rahel Varnhagen: Lebensgeschichte einer Deutschen Jüdin aus der Romantik*, Piper, 1981.［初版1959］and *Rahel Varnhagen: The Life

of a Jewess, translated by Richard and Clara Winston, London: East and West Library, 1958.（『ラーエル・ファルンハーゲン』大島かおり訳，みすず書房，1999 年）
—— *Thinking Without a Banister: Essays in Understanding, 1953–1975*, edited and with an introduction by Jerome Kohn, Schocken Books, 2018.
—— *Vita activa oder Vom tätigen Leben*, ungekürzte Taschenbuchausgabe, Piper, 2002.［初版 1960］（『活動的生』森一郎訳，みすず書房，2015 年）
—— *Was ist Politik?: Fragmente aus dem Nachlaß*, Ursula Ludz（Hrsg.）, Piper, 1993.（『政治とは何か』（佐藤和夫訳，岩波書店，2004 年）

B. 書簡集

Brightman, Carol（ed.）. *Hannah and Mary McCarthy. Between Friends: The Correspondence of Hannah Arendt and Mary McCarthy 1949–1975*. Harcourt Brace & Company, 1995.（『アーレント＝マッカーシー往復書簡』佐藤佐智子訳，法政大学出版局，1999 年）
Köhler, Lotte und Saner, Hans（Hrsg.）. *Hannah Arendt und Karl Jaspers Briefwechsel 1926–1969*, Piper, 1985.（『アーレント＝ヤスパース往復書簡 1926–1969　1/2/3』大島かおり訳，みすず書房，2004 年）
Ludz, Ursula（Hrsg.）. *Hannah Arendt und Martin Heidegger, Breife 1925–1975 und andere Zeugnesse*, Vittorio Klostermann, 1998.（『アーレント＝ハイデガー往復書簡』大島かおり・木田元訳，みすず書房，2003 年）
Köhler, Lotte（Hrsg.）, *Hannah Arendt und Heinrich Blücher・Briefe 1936–1968*, Piper, 1996.（『アーレント＝ブリュッヒャー往復書簡 1936–1968』大島かおり・初見基訳，みすず書房，2014 年）
Knott, Marie L.（Hrsg.）, *Hannah Arendt und Gershom Scholem: Der Briefwechsel*, unter Mitarbeit von David Heredia, Jüdischer Verlag, 2010.（『アーレント＝ショーレム往復書簡』細見和之・大形綾・関口彩乃・橋本鉱樹訳，岩波書店，2019 年）

Schöttker, Detlev und Wizisla, Erdmut (Hrsg.), *Arendt und Benjamin: Texte, Briefe, Dokumente*, Suhrkamp, 2006.

Putz, Kerstin (Hrsg.), *Hannah Arendt – Günther Anders: Schreib doch mal hard facts über Dich. Briefe 1939 bis 1975, Texte und Dokumente*, C.H. Beck, 2016.

二次文献

A. 欧文文献

Agamben, Giorgio. Forme-de-vie, in: *Futur antérieur*, no. 15, L'Harmattan 1993, repris in *Moyens sans fins*, Payot et Rivage, 1995.

—— *Homo sacer: Il potere sovrano e la nuda vita*, Torino, 1995.（『ホモ・サケル——主権権力と剝き出しの生』高桑和巳訳，上村忠男解題，以文社，2003 年）

—— *Démocratie, dans quel état?*, Fabrique, 2009.（『民主主義は，いま？——不可能な問いへの 8 つの思想的介入』河村一郎他訳，以文社，2011 年）

Aristoteles, *Aristotelis Ethica Nicomachea*, recognovit brevique adnotatione critica instruxit I. Bywater, Oxford, 1894.（『アリストテレス全集 13』加藤信朗訳，岩波書店，1973 年）

Assy, Bethania and Heller, Agnes. *Hannah Arendt: An Ethics of Personal Responsibility*, Peter Lang, 2008.

Baeumler, Alfred. *Kants Kritik der Urteilskraft: ihre Geschichte und Systematik*, Niemeyer, 1923.

Beiner, Ronald. *Political Judgement*, University of Chicago Press, 1984.（『政治的判断力』浜田義文監訳，法政大学出版局，1988 年）

Beltrán, Cristina. "Going Public: Hannah Arendt, Immigrant Action, and the Space of Appearance", *Political Theory*, Vol. 37, No. 5, Sage Publications, 2009.

Benhabib, Seyla. "Models of Public Space: Hannah Arendt, the Liberal Tradition, and Jurgen Harbermas", in: *Habermas and the Public*

Sphere, ed. Craig Calhoun, Cambridge, 1992.
—— "Judgment and the Moral Foundations of Politics in Hannah Arendt's Thought", in: *Judgment, Imagination, and Politics: themes from Kant and Arendt*, ed. R. Beiner and J. Nedelsky, Lanham, 2001.
—— "Richard Wolin on Arendt's 'Banality of Evil' Thesis", in *Jewish Review of Books*, 14 October 2014.
—— *Exile, Statelessness, and Migration: Playing Chess With History from Hannah Arendt to Isaiah Berlin*, Princeton University Press, 2018.
Bernstein, Richard J. *Beyond Objectivism and Relativism: Science, Hermeneutics, and Praxis*, University of Pennsylvania Press, 1983.（『科学・解釈学・実践 I』『科学・解釈学・実践 II』丸山高司他訳，岩波書店，1990年）
—— *The New Constellation: The Ethical-Political Horizons of Modernity/Postmodernity*, MIT Press, 1992.（『手すりなき思考——現代思想の倫理-政治的地平』谷徹・谷優訳，産業図書，1997年）
—— *Radical Evil: A Philosophical Interrogation*, Polity Press, 2002.（『根源悪の系譜——カントからアーレントまで』阿部ふく子・後藤正英・齋藤直樹・菅原潤・田口茂訳，法政大学出版局，2013年）
—— *Violence: Thinking Without Banisters*, Polity Press, 2013.（『暴力——手すりなき思考』，齋藤元紀監訳，法政大学出版局，2020年）
—— *Why Read Hannah Arendt Now?*, Polity Press, 2018.
Borren, Marieke. *Amor mundi: Hannah Arendt's Political Phenomenology of World*, University of Amsterdam Press, 2010.
—— " 'A Sense of the World': Hannah Arendt's Hermeneutic Phenomenology of Common Sense", *International Journal of Philosophical Studies*, vol. 21, no. 2, 2013.
Buckler, Steve. *Hannah Arendt and Political Theory: Challenging the Tradition*, Edinburgh University Press, 2011.
Bultmann, Rudolf. *Jesus*, J.C.B. Mohr (Paul Siebeck), 1926.（『イエス』川端純四郎・八木誠一共訳，未來社，1963年）
Butler, Judith. *Excitable Speech: A Politics of the Performative*, Routledge, 1997.（『触発する言葉——言語・権力・行為体』竹村和子訳，岩波書

店，2004年）
—— *Precarious Life: the Powers of Mourning and Violence*, Verso, 2004.（『生のあやうさ——哀悼と暴力の政治学』本橋哲也訳，以文社，2007年）
—— *Notes toward a performative Theory of Assembly*, Harvard University Press, 2015.（『アセンブリ——行為遂行性・複数性・政治』佐藤嘉幸・清水知子訳，青土社，2018年）
Calhoun, Craig and McGowan, John and Jay, Martin. *Hannah Arendt and the Meaning of Politics*, University of Minnesota Press, 1997.
Canovan, Margaret. *Hannah Arendt: A Reinterpresentation of Her Political Thought*, Cambridge University Press, 1992.（『アレント政治思想の再解釈』寺島俊穂・伊藤洋典訳，未來社，2004年）
Cassirer, Ernst. *Kants Leben und Lehre*, Darmstadt, 1977.［初版 1918］（『カントの生涯と学説』門脇卓爾・高橋昭二・浜田義文監訳，みすず書房，1986年）
Curtis, Kimberley. *Our sense of the real－aesthetic Experience and Arendtian Politics*, Ithaca, 1999.
Deleuze, Gilles. *Nietzsche et la philosophie*, Presses Universitaires de France, 1962.（『ニーチェと哲学』足立和浩訳，国文社，1982年）
—— *La philosophie critique de Kant*, Presses Universitaires de France, 1963.（『カントの批判哲学』國分功一郎訳，筑摩書房，2008年）
—— Nietzsche, Presses Universitaires de France, 1965.（『ニーチェ』湯浅博雄訳，筑摩書房，1998年）
D'Entrèves, Maurizio Passerin. *The Political Philosophy of Hannah Arendt*, Routledge, 1993.
Derrida, Jacques. *La voix et le phénomène: introduction au problème du signe dans la phénoménologie de Husserl*, Presses universitaires de France, 1967.（『声と現象——フッサールの現象学における記号の問題入門』林好雄訳，筑摩書房，2006年）
—— *Politiques de l'amitié ; suivi de L'oreille de Heidegger*, Galilée, 1994.（『友愛のポリティックス　I/II』鵜飼哲・大西雅一郎・松葉祥一共訳，みすず書房，2003年）

—— *Sur parole: instantanés philosophiques*, Éditions de l'Aube, 1999.（『言葉にのって』林好雄他訳，ちくま書房，2001 年）
—— *Le toucher, Jean-Luc Nancy*, Galilée, 2000.（『触覚——ジャン＝リュック・ナンシーに触れる』松葉祥一・榊原達哉・加國尚志訳，青土社，2006 年）
—— *Histoire du mensonge. Prolégomènes*, Éditions de L'Herne, 2005.（『嘘の歴史——序説』西山雄二訳，未來社，2017 年）
—— *Pardonner. L'impardonnable et l'imprescriptible*, Galilée, 2012.（『赦すこと——赦し得ぬものと時効にかかり得ぬもの』守中高明訳，未來社，2015 年）
Deutscher, Max. *Judgment After Arendt*, Routledge, 2016.
Edie, James M. *Speaking and Meaning*, Indiana University Press, 1976.（『ことばと意味』滝浦静雄訳，岩波書店，1980 年）
Gadamer, Hans-Georg. *Wahrheit und Methode*, Tübingen, 2010.［初版 1960］（『真理と方法Ⅰ』轡田収他訳，法政大学出版局，1986 年）
Gasché, Rodolphe. *Storytelling: The Destruction of the Inalienable in the Age of the Holocaust*, State University of New York Press, 2018.
Geulen, Eva. Kauffmann, Kai. Mein, Georg. *Hannah Arendt und Giorgio Agamben: Parallelen, Perspektiven, Kontroversen*, Wilhelm Fink, 2008.
Geulen, Eva. *Giorgio Agamben zur Einführung*, erganzte Aufl., Junius, 2016.（『アガンベン入門』初版訳，岩崎稔・大澤俊朗訳，岩波書店，2010 年）
Grenier, Elizabeth. "Why the World is Turning to Hannah Arendt to Explain Trump", *Deutsche Welle*, 2 February 2017.
Gündoğdu, Ayten. *Rightlessness in an Age of Rights: Hannah Arendt and the Contemporary Struggles of Migrants*, Oxford Univercity Press, 2015.
Habermas, Jürgen. *Philosophisch-politische Profile*, Suhrkamp, 1971.（『哲学・政治的プロフィール（上）』小牧治・村上隆夫訳，未來社，1984 年）
Hayden, Patrick. *Hannah Arendt: Key Concepts*, Acumen, 2014.
Heidegger, Martin. "Der Ursprung des Kunstwerkes"［1935–1936］,

in: *Holzwege*, Martin Heidegger Gesamtausgabe Bd. 5, hrsg. Friedrich-Wilhelm von Herrmann, 1977.（『芸術作品の根源』関口浩訳，平凡社，2008 年。略号は GA5 を用いる）

Held, Klaus. “Entpolitisierte Verwirklichung des Glücks —— Epikurs Brief an Menoikeus”, in P. Engelhardt (Hrsg.): *Walberberger Studien, Glück und geglücktes Leben*, Mainz, 1985.

—— *Neue Aspekte der Phänomenologie: Gesammelte Vorträge und Aufsätze zur Griechischen Philosophie, Politik und Menschheitskultur*, hrsg. und übersetzt von Tadashi Ogawa u. a., Kyoto, 1994.（『現象学の最前線——古代ギリシア哲学・政治・世界と文化』小川侃編訳，晃洋書房，1994 年）

—— *Phänomenologie der politischen Welt*, Peter Lang, 2010.

Hill, Melvyn A. (ed.), *Hannah Arendt: The Recovery of the public World*, St. Martin’s Press, 1979.

Hiruta, Kei. *Hannah Arendt and Isaiah Berlin: Freedom, Politics and Humanity*, Princeton University Press, 2021.

Honig, Bonnie. *Feminist Interpretations of Hannah Arendt*, Pennsylvania State University Press, 1995.（『ハンナ・アーレントとフェミニズム——フェミニストはアーレントをどう理解したか』岡野八代・志水紀代子訳，未來社，2001 年）

Jay, Martin. *Permanent Exiles*, Columbia University Press, 1985.（『永遠の亡命者たち——知識人の移住と思想の運命』今村仁司他訳，新曜社，1989 年）

Kampowski, Stephen. *Arendt, Augustine, and the New Beginning: The Action Theory and Moral Thought of Hannah Arendt in the Light of Her Dissertation on St. Augustine*, Eerdmans Pub. Co., 2008.

Kant, Immanuel. *Kritik der Urteilskraft*, [1790] in: Kant’s gesammelte Schriften, herausgegeben von der Königlich Preußischen Akademie der Wissenschaften. Band V, Berlin, 1913.（『岩波カント全集 8　判断力批判　上』・『岩波カント全集 9　判断力批判　下』牧野英二訳，岩波書店，1999 年・2000 年）

Kelz, Rosine. *The Non-Sovereign Self, Responsibility, and Otherness: Hannah*

Arendt, Judith Butler, and Stanley Cavell on Moral Philosophy and Political Agency, Palgrave Macmillan, 2015.

Kiess, John. *Hannah Arendt and Theology*, Bloomsbury T&T Clark, 2016.

Kleist, Edward Eugene. "Judging Appearances: A phenomenological Study of the Kantian sensus communis", *Phaenomenologica*, 156, Kluwer Academic, 2000.

Kristeva, Julia. *Hannah Arendt: life is a narrative*, translated by Frank Collins, Toronto, University of Toronto Press, 2001.（『ハンナ・アーレント講義――新しい世界のために』青木隆嘉訳，論創社，2015年）

Kwant, Remy C. *The phenomenological Philosophy of Merleau-Ponty*, Duquesne University Press, Editions E. Nauwelaerts 1963.（『メルロー＝ポンティの現象学的哲学』滝浦静雄・竹本貞之訳，国文社，1976年）

La Caze, Marguerite. "The miraculous Power of Forgiveness and the Promise", in: *Action and Appearance: Ethics and the Politics of Writing in Hannah Arendt*, ed. by A.Yeatman, Continuum, 2011.

Lacoue-Labarthe, Philippe et Nancy, Jean-Luc. *Le «retrait» du politique, in Le retrait du politique*, Galilée, 1983.（「政治的なものの「退引」」柿並良佑訳，『思想』1109号所収，岩波書店，2016年）

Lamping,Dieter. *Hannah Arendt: Leben für die Freundschaft*, Ebersbach & Simon, 2022.

Lefort, Claude. *L'invention démocratique: les limites de la domination totalitaire*, Fayard, 1981.（『民主主義の発明――全体主義の限界』渡名喜庸哲他訳，勁草書房，2017年）

Lloyd,Geoffrey E.R. *Aristotel. The Growth and Structure of his Thought*, Cambridge University Press, 1968.（『アリストテレス――その思想の成長と構造』川田殖訳，みすず書房，1973年）

Loidolt, Sophie. *Einfuhrung in Die Rechtsphanomenologie: Eine Historisch-systematische Darstellung*, Mohr Siebeck, 2010.

―― *Phenomenology of Plurality*, Routledge, 2019.

Loidolt, Sophie und Flatscher,Matthias. *Das Fremde im Selbst - Das Andere im Selben: Transformationen der Phaenomenologie*, Koenigshausen &

Neumann, 2010.
Loidolt, Sophie und Lehmann, Sandra. *Urteil und Fehlurteil*, Turia Kant Verlag, 2011.
Luft, Ed. Sebastian and Hagengruber, Ruth. *Women Phenomenologists on Social Ontology: We-Experiences, Communal Life, and Joint Action*, Springer, 2018.
MacIntyre, Alasdair. *After Virtue: A Study in Moral Theory*, Notre Dame, 1981.（『美徳なき時代』篠崎栄訳，みすず書房，1993 年）
Mahony, Deirdre Lauren. *Hannah Arendt's Ethics*, Bloomsbury Academic, 2018.
Maier-Katkin, Daniel. *Stranger from Abroad: Hannah Arendt, Martin Heidegger, Friendship and Forgiveness*, Norton and Company, 2010.
Manchev, Boyan. "La matiére du monde et l'aisthesis du commun", in *Figures du dehors, autour de Jean-Luc Nancy*, ed. Cécile Defaut, Paris, 2012.
Merleau-Ponty, Maurice. *Phénoménologie de la perception*, Gallimard, 1945.（『知覚の現象学』1，竹内芳郎・小木貞孝訳，みすず書房，1967 年。『知覚の現象学』2，竹内芳郎・木田元訳，みすず書房，1974 年）
―― *Signes*, Gallimard, 1960.（『シーニュ』〈1〉〈2〉，竹内芳郎訳，みすず書房，1969 年，1970 年）
―― *Le Visible et l'invisible, suivi de notes de travail*, texte établi par Claude Lefort, Gallimard, 1964.（『見えるものと見えないもの』――付・研究ノート【新装版】滝浦静雄・木田元訳，みすず書房，2017 年）
Nancy, Jean-Luc. *L'expérience de la liberté*, Galilée, 1988.（『自由の経験』澤田直訳，未來社，2000 年）
―― *Le sens du monde*, Galilée, 1993.
―― *Être singulier pluriel*, Galilée, 1996.（『複数にして単数の存在』加藤恵介訳，松籟社，2005 年）
―― *L'équivalence des catastrophes: après Fukushima*, Galilée, 2012.（『フクシマの後で』渡名喜庸哲訳，以文社，2012 年）
Nietzsche, Friedrich, *Also sprach Zarathustra : ein Buch für alle und*

keinen [1883–1885], in: Nietzsche Werke kritische Gesamtausgabe VI–1, hrsg. Giorgio Colli und Mazzino Montinari, Walter de Gruyter, Berlin 1968.（『ニーチェ全集 9　ツァラトゥストラ』吉澤傳三郎訳，理想社，1979 年。略号は Z を用いる）

Nixon, Jon. *Hannah Arendt and the Politics of Friendship*, Bloomsbury Academic, 2015.

Olkowski, Dorothea. “Politics－The Highest Form of Philosophy?”, in: *PhaenEx*, vol. 7, no. 1 (spring/summer), 2012.

Parekh, Bhikhu C. *Hannah Arendt and the Search for a New Political Philosophy*, Palgrave Macmillan, 1981.

Parekh, Serena. *Hannah Arendt and the Challenge of Modernity*, Routledge 2009.

Pavlik, Jennifer. *“Uninteressiertes Weltinteresse”: über die Ausbildung einer ästhetischen (Denk-)Haltung im Werk Hannah Arendts*, W. Fink, 2015.

Pelczynski, Z. A. and Gray, J. *Conceptions of liberty in political philosophy*, St. Martin’s Press, 1984.（『自由論の系譜――政治哲学における自由の観念』飯島昇藏，千葉眞他訳，行人社，1987 年）

Rancière, Jacques. *Dissensus: on politics and aesthetics*, Continuum, 2010.

Ricœur, Paul. *Temps et récit III: Le temps raconté*, Paris, 1985.（『時間と物語』久米博訳，新曜社，2004 年）

―― *Lectures vol. 1: Autour du politique*, Seuil, 1991.（『レクチュール――政治的なものをめぐって』合田正人訳，みすず書房，2009 年）

―― *La mémoir, l’histoire*, l’oubli, Seuil, 2000.（『記憶・歴史・忘却』久米博訳，新曜社，2005 年）

Robaszkiewicz, Maria. “‘Women as zoa politika, or: Why There Could Never Be a Women’s Party. An Arendtian-Inspired Phenomenology of a Female Political Subject’”, in *Women phenomenologists on social ontology: we-experiences, communal life, and joint action*, edited by Sebastian Luft and Ruth Hagengruber, Springer, 2018, pp. 195–206.

Rosenfeld, Sophia. *Common Sense: A Political History*, Harvard University Press 2011.

Roviello, Anne-Marie. *Sens commun et modernité chez Hannah Arendt*,

Bruxelles: Ousia, 1987.
Sandel, Micheal J. *Public philosophy: Mssays on morality in Politics*, Harvard University Press, 2005.（『公共哲学――政治における道徳を考える』鬼澤忍訳，筑摩書房，2011年）
Schlapp, Otto. *Kants Lehre vom Genie und die Entstehung der Kritik der Urteilskraft*, Vandenhoeck & Ruprecht, 1901.
Szaider, Natan. *Jewish Memory and the Cosmopolitan Order: Hannah Arendt and the Jewish Condition*, Polity Press, 2011.
Tassin, Étienne. "La question de l'apparence", in: *Ontologie et Politique: Actes du Colloque Hannah Arendt*, édité par Miguel Abensour et al., Paris, 1989.
Terada, Rei. "The Life Process And Forgettable Living: Arendt and Agamben", in: *New Formations*, Number 71, Summer 2011.
Tchir, Trevor. *Hannah Arendt's Theory of Political Action: Daimonic Disclosure of the 'Who'*, Palgrave Macmillan, 2017.
Vandeputte, Kathleen and Devisch, Ignaas. "Responsibility and Spatiality: Or can Jean-Luc Nancy Sit on a Bench in Hannah Arendt's Public Space?", *LUMINA*, vol. 22, no. 2, 2011.
Villa, Dana R. *Arendt and Heidegger: The Fate of the Political*, Princeton University Press, 1996.（『アーレントとハイデガー――政治的なものの運命』青木隆嘉訳，法政大学出版局，2004年）
―― *Politics, Philosophy, Terror: Essays on the Thought of Hannah Arendt*, Princeton University Press, 1999.（『政治・哲学・恐怖――ハンナ・アレントの思想』伊藤誓・磯山甚一訳，法政大学出版局，2004年）
―― *Public Freedom*, Princeton University Press, 2008.
―― *The Cambridge Companion to Hannah Arendt*, Cambridge University Press, 2009.
Vollrath, Ernst. *Die Rekonstruktion der politischen Urteilskraft*, Klett, 1977.
Welsch, Wolfgang. *Ästhetisches Denken*, Reclam, 2003.（『感性の思考――美的リアリティの変容』勁草書房，1998年）
Wolin, Sheldon. "Hannah Arendt: Democracy and Political", in: *Hannah Arendt: Critical Essays*, edited by Lewis P. Hinchman and Sandra K.

Hinchman, State University of New York Press, 1994.
Wurgaft, Benjamin Aldes. *Thinking in Public: Strauss, Levinas, Arendt*, University of Pennsylvania Press, 2016.
Yeatman, Anna et al., *Action and Appearance: Ethics and the Politics of Writing in Hannah Arendt*, Continuum, 2011.
Young-Bruehl, Elisabeth. *Hannah Arendt: For Love of the World*. Yale University Press, 1982.（『ハンナ・アーレント伝』荒川幾男・原一子・本間直子・宮内寿子訳，晶文社，1999 年）
Zahavi, Dan. *Husserl's phenomenology*, Stanford University Press, 2003.（『フッサールの現象学』工藤和夫・中村拓也訳，晃洋書房，2017 年）

B. 和文文献

アーレント研究会編『アーレント読本』法政大学出版局，2020 年
相原博『カントと啓蒙のプロジェクト――『判断力批判』における自然の解釈学』法政大学出版局，2017 年
今出敏彦『ハンナ・アーレントの『人間の条件』再考――世界への愛』近代文藝社，2013 年
大森一三『文化の進歩と道徳性――カント哲学の「隠されたアンチノミー」』法政大学出版局，2019 年
押山詩緒里「アーレントにおける「赦し」と「裁き」――クリステヴァによる解釈を超えて」『現象学年報』第 32 号，日本現象学会編，2016 年
――「アーレントにおける「政治的生」の現代的意義――「行為者」と「注視者」の現象学的解釈を手掛かりに」『大学院紀要』第 79 号，法政大学大学院編，2017 年
――「アーレントにおける「世界への愛」と「共通感覚」の現象学的分析――「同胞愛」の危険性に対する批判」（2019 年度泰本賞受賞）『大学院紀要』第 81 号，法政大学大学院編，2018 年
――「アーレントの共通感覚と勇気の現象学的解釈――「現れの空間」としての世界の条件」『大学院紀要』第 82 号，法政大学大学院編，2019 年
――「アーレントの「政治的生」の現象学的解釈――ビオスのリアリティ

の救済にむけて」『法政哲学』第17号，法政哲学会編，2021年
小野紀明『現象学と政治――二十世紀ドイツ精神史研究』行人社，1994年
重田園江『真理の語り手――アーレントとウクライナ戦争』白水社，2022年
角田幸彦『政治哲学へ向けて――政治・歴史・教養――キケローとプラトン，ヴィーコ，ブルクハルト，アーレント，レオ・シュトラウス』文化書房博文社，2010年
笠原賢介『ドイツ啓蒙と非ヨーロッパ世界――クニッゲ，レッシング，ヘルダー』未來社，2017年
――「レッシング『賢者ナータン』再読」『思想』2月号，岩波書店，2018年
鹿島徹・越門勝彦・川口茂雄編『リクール読本』法政大学出版局，2016年
金森修『〈生政治〉の哲学』ミネルヴァ書房，2010年
金田耕一『メルロ＝ポンティの政治哲学――政治の現象学』早稲田大学出版部，1996年
亀喜信『ハンナ・アレント――伝えることの人間学』世界思想社，2010年
川崎修『ハンナ・アレントと現代思想――アレント論集Ⅱ』岩波書店，2010年
川崎修・萩原能久・出岡直也『アーレントと二〇世紀の経験』慶應義塾大学出版会，2017年
木田元『現象学』岩波書店，1970年
木前利秋『メタ構想力――ヴィーコ・マルクス・アーレント』未來社，2008年
君嶋泰明「初期フライブルク期のハイデガー哲学とその方法――肯定と否定の現象学」『現象学年報』第27号，日本現象学会編，2011年
――「信仰と哲学――ハイデガーのアウグスティヌス解釈について」『関西哲学会年報』第26号，関西哲学会編，2018年
――「「存在忘却」とは何か」『法政大学文学部紀要』第82号，法政大学文学部編，2021年
桑子敏雄『エネルゲイア――アリストテレス哲学の創成』東京大学出版会，1993年
小玉重夫『難民と市民の間で――ハンナ・アレント『人間の条件』を読み直す』現代書館，2013年

小森謙一郎『アーレント 最後の言葉』講談社，2017 年
小山花子『観察の政治思想——アーレントと判断力』東信堂，2013 年
近堂秀『『純粋理性批判』の言語分析哲学的解釈——カントにおける知の非還元主義』晃洋書房，2018 年
齋藤純一「表象の政治／現れの政治」『現代思想』7 月号，青土社，1997 年
——『公共性』岩波書店，2000 年
——「思想の言葉——共感／憐れみ／連帯——感情と政治の間」『思想』958 号，岩波書店，2004 年
——『自由』岩波書店，2005 年
——『政治と複数性——民主的な公共性にむけて』岩波書店，2008 年
齋藤元紀『存在の解釈学——ハイデガー『存在と時間』の構造・転回・反復』法政大学出版局，2012 年
齋藤元紀・澤田直・渡名喜庸哲・西山雄二編『終わりなきデリダ——ハイデガー，サルトル，レヴィナスとの対話』法政大学出版局，2016 年
齋藤宜之「内化する複数性——アーレントのカント解釈」『中央大学文学部紀要』第 59 号，中央大学文学部編，2017 年
酒井潔・佐々木能章・長綱啓典編『ライプニッツ読本』法政大学出版局，2012 年
坂部恵『仮面の解釈学』東京大学出版会，2009 年
佐藤和夫『〈政治〉の危機とアーレント——『人間の条件』と全体主義の時代』大月書店，2017 年
佐藤啓介『死者と苦しみの宗教哲学——宗教哲学の現代的可能性』晃洋書房，2017 年
佐藤康邦『カント『判断力批判』と現代——目的論の新たな可能性を求めて』岩波書店，2005 年
澤田直『ジャン＝リュック・ナンシー——分有のためのエチュード』白水社，2013 年
実存思想協会編『アーレントと実存思想』理想社，2017 年
下河辺美知子『グローバリゼーションと惑星的想像力——恐怖と癒しの修辞学』みすず書房，2015 年
杉浦敏子『ハンナ・アーレント入門』藤原書店，2002 年
関口貴太「世代発生的現象学における「現象学的出生」の内実」『実存思

想論集』第35号，実存思想協会編，知泉書館，2020年
高田珠樹『ハイデガー——存在の歴史』講談社，2014年
高峯一愚『カント講義』論創社，1981年
高屋敷直広『身体忘却のゆくえ——ハイデガー『存在と時間』における〈対話的な場〉』法政大学出版局，2021年
滝浦静雄『想像の現象学』紀伊國屋書店，1972年
——『時間——その哲学的考察』岩波書店，1976年
田島樹里奈『デリダのポリティカル・エコノミー——パレルゴン・自己免疫・暴力』北樹出版，2019年
谷徹・今村仁司・マーティン・ジェイ他『暴力と人間存在』筑摩書房，2008年
千葉眞『アーレントと現代——自由の政治とその展望』岩波書店，1996年
対馬美千子『ハンナ・アーレント——世界との和解のこころみ』法政大学出版局，2016年
寺島俊穂『生と思想の政治学——ハンナ・アレントの思想形成』芦書房，1990年
——『ハンナ・アレントの政治理論——人間的な政治を求めて』ミネルヴァ書房，2006年
渡名喜庸哲『現代フランス哲学』筑摩書房，2023年
中島道男『ハンナ・アレント——共通世界と他者』東信堂，2015年
中村研一『ことばと暴力——政治的なものとは何か』北海道大学出版会，2017年
中村雄二郎『共通感覚論』岩波書店，2000年
西山雄二・柿並良佑編『ジャン＝リュック・ナンシーの哲学——共同性，意味，世界』読書人，2023年
新田義弘『現代哲学——現象学と解釈学』白菁社，1997年
橋爪大輝『アーレントの哲学——複数的な人間的生』みすず書房，2022年
牧野英二『遠近法主義の哲学』弘文堂，1996年
——『カントを読む』岩波書店，2003年
——『崇高の哲学——情感豊かな理性の構築へ向けて』法政大学出版局，2007年
——『「持続可能性の哲学」への道』法政大学出版局，2013年

――「哲学はなんのために――アーレントのプラトン批判を手掛かりに」『法政大学文学部紀要』第78号，法政大学文学部編，2019年
牧野英二他編『哲学の変換と知の越境』法政大学出版局，2019年
牧野雅彦『アーレント『革命について』を読む』法政大学出版局，2018年
松田禎二『アリストテレスの哲学』行路社，1987年
松葉祥一『哲学的なものと政治的なもの――開かれた現象学のために』青土社，2010年
丸山徳次『現象学と科学批判』晃洋書房，2016年
三浦隆宏『活動の奇跡――アーレント政治理論と哲学カフェ』法政大学出版局，2020年
三木清『哲学ノート』河出書房，1941年
――『三木清全集』第八巻，岩波書店，1967年
百木漠『アーレントのマルクス――労働と全体主義』人文書院，2018年
――『嘘と政治――ポスト真実とアーレントの思想』青土社，2021年
森一郎『死と誕生――ハイデガー・九鬼周造・アーレント』東京大学出版会，2008年
森川輝一『〈始まり〉のアーレント――「出生」の思想の誕生』岩波書店，2010年
森村修『ケアの倫理』大修館書店，2000年
――「表層の現象学――シモンドンとドゥルーズにおける「個体発生＝存在生成」の哲学」『思索』第38号，東北大学哲学研究会編，2005年
――「フッサールの「身体の現象学」(1)「身体性の現象学」試論」『異文化』第14号，法政大学国際文化学部，2013年
――『ケアの形而上学』大修館書店，2020年
森脇善明『メルロ－ポンティ哲学研究――知覚の現象学から肉の存在論へ』晃洋書房，2000年
森分大輔『ハンナ・アレント研究――〈始まり〉と社会契約』風行社，2007年
――『ハンナ・アーレント』筑摩書房，2019年
矢野久美子『ハンナ・アーレント，あるいは政治的思考の場所』みすず書房，2002年
――『ハンナ・アーレント』中央公論新社，2014年

山本英輔『ハイデガー『哲学への寄与』研究』法政大学出版局，2009年

C. その他

(1) 欧文事典

Ritter, Joachim. Gründer, Karlfried und Gabriel, Gottfried (Hrsg.). *Historisches Wörterbuch der Philosophie, Bd. 13*. Schwabe & Co. Basel 1971–2007.

(2) 和文事典

有福孝岳・坂部恵編『カント事典』弘文堂，1997年
大石紀一郎他編『ニーチェ事典』弘文堂，1995年
木田元・野家啓一他編『現象学事典』弘文堂，1994年
ハイデガーフォーラム編『ハイデガー事典』昭和堂，2021年
廣松渉・子安宣邦他編『岩波　哲学・思想事典』岩波書店，1998年